SOCIÉTÉ

DES

ANCIENS TEXTES FRANÇAIS

DAUREL ET BETON

DAUREL
ET BETON

CHANSON DE GESTE PROVENÇALE

PUBLIÉE POUR LA PREMIÈRE FOIS

D'APRÈS LE MANUSCRIT UNIQUE APPARTENANT A M. A. DIDOT

PAR

Paul MEYER

PARIS
LIBRAIRIE DE FIRMIN DIDOT ET Cie
56, RUE JACOB, 56

M DCCC LXXX

Reprinted with the permission of the Société des Anciens Textes Français

JOHNSON REPRINT CORPORATION　　JOHNSON REPRINT COMPANY LIMITED
111 Fifth Avenue, New York, N.Y. 10003　　Berkeley Square House, London, W.1

Publication proposée à la Société le 26 novembre 1879.

Approuvée par le Conseil le 24 décembre 1879 sur le rapport d'une commission composée de MM. A. de Montaiglon, G. Paris et G. Raynaud.

Commissaire responsable :
M. G. PARIS.

U. B. Würzburg
ausgeschieden

First reprinting, 1966, Johnson Reprint Corporation
Printed in the United States of America

INTRODUCTION

Le troubadour Guiraut de Cabréra, qui vivait à la fin du XIIe siècle et au commencement du XIIIe [1], nous a laissé une pièce qui consiste essentiellement en une longue énumération des romans alors en vogue. Entre ces romans figure celui de Daurel et de Beton : « Il ne faudrait pas », dit Guiraut à son jongleur, « qu'on te demandât l'histoire

[1]. M. Mila y Fontanals (*Trovadores en España*, p. 265) place vers 1170 la composition de l'unique pièce qui nous soit parvenue de G. de Cabréra, quoiqu'il ne me semble pas qu'il y ait dans la pièce aucun élément chronologique permettant une détermination aussi précise. Cette première supposition a conduit M. Mila à identifier le troubadour Guiraut avec le vicomte Pons de Cabréra dont la vie entière se passa au XIIe siècle; tandis qu'il serait plus naturel, à mon avis, de l'identifier avec le fils de celui-ci, Guiraut de Cabréra, qui fut en lutte avec Pierre II d'Aragon et se fit templier en 1228 (voy. les *Gesta comitum Barcinonensium*, dans Bouquet, XIX, 233. On pourrait même songer à un G. de Cabréra plus récent encore qui figure dans des actes de 1241; voy. Vaissète, nouv. éd. VIII, 1058, de Tourtoulon, *Jacme Ier*, II, 51.

« de Mauran, ni celle de Daurel et de Beton »,

> Ja de Mauran
> Om not deman,
> Ni de Daurel ni de Beton [1].

L'existence d'un récit ayant pour héros deux personnages appelés l'un Daurel et l'autre Beton, n'était connue que par cette simple mention, lorsqu'il y a quelques années, peu avant sa mort, M. Ambr. Firmin Didot eut occasion d'acquérir un manuscrit provençal où se trouvait, sinon la totalité, du moins un long fragment du poëme de Daurel et de Beton. M. Alfred Didot, digne héritier d'un nom depuis longtemps illustre, a désiré que la Société des anciens Textes français, à laquelle il appartient comme membre fondateur et dont il est l'éditeur, eût tout le profit de la précieuse acquisition dont s'était enrichie la bibliothèque de son père. Il a bien voulu me confier le manuscrit pendant tout le temps nécessaire pour en préparer la publication, et s'est acquis par là un nouveau titre à la gratitude de la Société. Le manuscrit Didot contient une collection variée d'ouvrages ou d'opuscules, qui tous, à des degrés divers, méritent l'attention de quiconque s'intéresse aux études provençales. On en trouvera la description détaillée à l'appendice de cette introduction. Actuellement nous n'avons à nous occuper que du poëme de Daurel et Beton, l'objet principal de la présente publication.

---

1. Bartsch, *Denkmœler d. prov. Literatur*, p. 91.

I

ANALYSE DU POÈME

La fin du poëme manque, le ms. Didot ayant perdu ses derniers feuillets. Ce qui subsiste suffit heureusement pour qu'on puisse apprécier la valeur de l'ouvrage et son importance dans l'histoire de la littérature narrative du moyen âge.

Le duc Beuve d'Antone était assis dans son château, ayant autour de lui les meilleurs barons de France. Là se trouvait un certain comte Gui qui n'avait pour tout bien qu'un seul château appelé Apremont. Le duc Beuve, mû par un sentiment dont la cause ne nous est point expliquée, le choisit pour compagnon. L'effet de cette sorte d'adoption, confirmée par un serment prêté sur l'évangile en présence de nombreux témoins, est d'établir entre les deux contractants la communauté des biens [1]. Beuve va jusqu'à spécifier qu'au cas où il viendrait à se marier et mourrait sans enfant, il laisserait à Gui sa veuve et, par conséquent, tout son héritage. L'accord dura dix ans sans que rien vînt le troubler. Au bout de ce temps, Beuve est mandé à la cour de Charlemagne. Il s'y rend accompagné de son fidèle Gui. L'empereur lui annonce qu'il a décidé de lui donner en mariage sa sœur

---

1. Il y a dans l'ancienne poésie française beaucoup de traces de cet usage. La *compagnie* de Rolant et d'Olivier est célèbre. Garnier de Nanteuil et Bérengier étaient compagnons (*Aie d'Avignon*, v. 24), etc.

Ermenjart, avec la ville de Poitiers comme dot, et, de plus, il le fait son porte-gonfanon, charge équivalente à ce que fut plus tard celle de connétable [1]. Gui fut envieux de la fortune qui venait d'écheoir à son compagnon : « Ma dame est belle et bien faite, » dit-il à Beuve ; « m'en donneriez-vous part selon votre pro-« messe ? » Beuve prit la chose en plaisanterie : « Compagnon, » répondit-il, « priez Dieu qu'il me « fasse mourir au plus tôt ; alors vous l'aurez à votre « volonté. » Dès ce moment Gui résolut la mort de Beuve (VII).

Peu de temps avant de se rendre à l'appel de Charlemagne, Beuve avait accueilli à sa cour un jongleur du nom de Daurel (III). Étant retourné dans sa terre, il lui donna, à titre héréditaire, un riche château, le château de Monclar situé sur la mer. Un jour qu'il était allé à la chasse, Gui se présenta à Ermenjart et lui fit les propositions les plus grossières. Refus indigné de celle-ci ; fureur du traître qui ne dissimule pas son intention de faire mourir Beuve. C'est en vain que la dame rapporte à son époux la tentative de séduction dont elle a été l'objet et l'engage à se défier de Gui : le duc Beuve se refuse à croire à une telle trahison (VIII.)

---

[1]. Cf. dans *Aie d'Avignon* (p. 1 et 2) :

> Quant vint a ce termine qu'il (Garnier) pot armes baillier,
> Li bons rois l'adouba, ne volt plus delaier ;
> De sa cort li donna le plus riche mestier ;
> Il le fist seneschal et son gonfanonier.
> Celui n'oublia mie, ainz prist a chevauchier,
> Avec lui maint baron, car il veut sormarchier
> Les anemis le roi confondre et abaissier.

Bientôt Beuve devint père d'un enfant qui fut envoyé à Rolant pour être baptisé. Celui-ci donna à son filleul le nom de Beton et le renvoya à Beuve en un berceau d'argent et accompagné d'une suite nombreuse (IX)[1].

Un an après la naissance de Beton, on vint un jour annoncer à Beuve qu'un sanglier d'une taille extraordinaire exerçait ses ravages dans l'Ardenne. Aussitôt il mande son compagnon et tous deux se préparent pour la chasse. Vainement Ermenjart, se défiant à juste titre de Gui, essaie de retenir son époux. Ses supplications demeurent vaines et Beuve se met en voie avec son compagnon. Au moment de partir, le jongleur Daurel lui présente son fils nouveau-né et le prie de le baptiser. Beuve y consent et donne à l'enfant le nom de Daurelet[2] de Monclar (XII). Puis il entre en chasse. Les deux compagnons, serrant de près le sanglier, se trouvent bientôt séparés du reste des chasseurs. Beuve atteint la bête sauvage et la transperce de son épieu. C'est à ce moment que Gui se précipite sur le duc et l'abat, mortellement frappé, près du sanglier. Le duc essaie de se relever, mais il a le fer dans le corps, et il ne peut que se tenir à genoux. Il accepte son sort avec la plus touchante rési-

---

[1]. D'autres témoignages constatent l'usage d'envoyer les nouveaux-nés à de grands personnages pour être tenus par eux sur les fonts ; c'est ainsi que dans *Girart de Roussillon* (éd. Hofmann, v. 7951) le fils de Girart est envoyé à la reine.

[2]. Sur l'usage de donner au fils premier né le nom de son père augmenté du suffixe diminutif, voy. ma traduction du poëme de la croisade albigeoise, p. 206, note 6.

gnation et pousse la générosité jusqu'à suggérer à son assassin les moyens d'échapper aux soupçons. « Gar-
« dez-vous, » dit-il, « de m'enlever l'épieu du corps
« jusqu'à ce que je vous aie dit ce qu'il vous faut faire.
« Je sais bien que vous serez accusé de ma mort, mais
« je vous dirai, ami, ce que vous avez à faire. Vous
« m'appliquerez au côté les dents du porc, et vous lui
« enfoncerez votre épieu dans le corps. Tous diront
« que c'est le porc qui m'a tué... C'est pour ma
« femme que vous désirez tant que vous m'avez tué;
« je le sais bien. Si vous m'aviez dit que votre passion
« était si forte, je vous l'aurais donnée, avec ses gran-
« des possessions, et je me serais exilé outre mer.
« Je vous en prie, au nom de Dieu, soyez bon pour
« elle. Demandez-la au bon roi Charles : il vous la
« donnera, car vous êtes vaillant et honoré. Pour
« Beton, je vous prie de le faire élever. Faites le ve-
« nir, comte, à votre cour : il est neveu de Charles,
« vous n'y aurez pas déshonneur. Je veux que vous
« ayez la moitié de tout ce qu'il possède ». Gui lui
fait des yeux de lion enchaîné, et Beuve le regardait de
l'air d'un ange ailé : « Vous parlez follement, » dit Gui.
« Par le Dieu crucifié, si je puis le tenir en mes mains,
« il ne vivra pas quinze jours. Il n'y a ville ni cité qui
« puisse le sauver. Je vous ai tué ; il aura son tour ! »
Le franc duc se tourne vers lui et, joignant les mains :
« Comte, » dit-il, « s'il vous plaît, donnez-moi la
« communion avec des feuilles [1]. — Par Dieu ! » dit

---

[1]. Les exemples de cette sorte de communion symbolique sont fréquents dans les poèmes du moyen-âge; voy. *Floriant et Florete*, vv. 345-7 et les notes de l'éditeur, p. xlij.

Gui, « vous parlez follement ! mourez vite, car vous
« tardez trop : de votre cœur je ferai deux moitiés ! —
« Compagnon, » reprend Beuve, « c'est vous qui
« parlez follement. Vous allez être bien vengé du mal
« que je vous ai fait ! Prenez mon cœur et mangez-
« en ! Sire Jésus-Christ, qui fûtes mis en croix et dai-
« gnâtes naître pour effacer nos péchés, et vous, sainte
« Marie, gardez Beton, je vous en prie, de tomber
« entre ses mains, et je vous demande de me par-
« donner mes péchés. » Le traître s'approcha, arra-
cha de la plaie l'épieu, et le duc mourut. Le duc est
mort : jamais il ne sera remplacé (XIII).

Gui se conforme aux recommandations de sa vic-
time : il enfonce son épieu dans le corps de sanglier,
il perce de coups de couteau le flanc du duc, pour si-
muler une blessure, et y applique les dents de l'ani-
mal ; puis il sonne du cor. Les chasseurs accourent et
n'hésitent pas à accuser Gui, qui proteste de son in-
nocence. Le corps est placé sur des perches et em-
porté au château (XIV). La duchesse, en apprenant la
funeste nouvelle, donne les signes de la plus vive
douleur. Elle accuse hautement Gui, et, si on ne l'eût
arrêtée, elle l'eût frappé d'un couteau. Tous les assis-
tants versent des larmes. On veille le corps pendant
trois jours, puis on l'emporte à Saint-Hilaire [1] où il est
enseveli près de l'autel (XVI).

Cependant Gui est retourné à Apremont. Il a fait
charger son trésor sur quinze bêtes de somme, et

---

1. Célèbre abbaye fondée à Poitiers dans les premières années du
VIe siècle.

s'est mis en route pour Paris. Il monte au palais de Charlemagne. Le roi se lève, vient à lui et lui demande des nouvelles du duc Beuve. « Il est mort, » répond le traître ; « un sanglier lui a déchiré le ventre « et les flancs. » Le roi se désole, frappe ses mains l'une contre l'autre en signe de douleur ; toute la cour partage son affliction, et Rolant déchire ses vêtements. « Sire, » dit Gui, « cessez de vous lamenter. Si les « lamentations y pouvaient quelque chose, nous en « avons tant fait, que le duc serait ressuscité. Met- « tons-nous à l'écart, et parlons un peu. J'ai entendu « dire que votre trésor est diminué, tant vous avez « donné aux soudoyers. Je veux le remplir, s'il vous « plaît. Voici là dehors quinze sommiers chargés d'or « et d'argent. Je tiens les terres du défunt ; voulez- « vous me les octroyer ? Tout cet or, tout cet argent « est à vous. Donnez-moi la veuve : je serai votre beau- « frère. Je vous serai dévoué plus qu'homme du « monde. Je tiendrai la place du duc qui est tré- « passé. » Le roi répondit : « C'est un beau présent. « Nous partirons après le dîner. » La douleur était passée ; il monte à cheval avec cent chevaliers et ne s'arrête pas jusqu'à Poitiers. On annonce sa venue à la dame. Celle-ci est transportée de joie : « Dieu ! » dit-elle, « je sais maintenant que le traître renégat « va mourir, et que le preux duc sera vengé ! » Elle descend les degrés, embrasse son frère, et, voyant s'approcher Gui, elle s'écrie : « Sire, il faut que vous « m'aimiez bien peu pour recevoir ainsi en votre cour « le traître qui a tué le duc ! — Ne l'en croyez pas, » dit Gui ; « c'est une femme : elle dit ce qui lui plaît.

« Si c'était un homme, je serais prêt à me justifier par
« le duel. Le duc était mon compagnon juré : pour
« soixante cités je n'aurais pas voulu le trahir. »
C'est en vain qu'Ermenjart réclame l'épreuve du feu,
se déclarant prête à subir la mort sur le bûcher si un
seul de ses cheveux était atteint par le feu, le roi veut
qu'elle épouse Gui. La malheureuse femme se désole ; elle supplie son frère de lui donner pour époux
un chevalier, afin que ses enfants n'aient pas un traître pour père : le roi reste inflexible, et de force la
fiance à Gui. Elle se répand en imprécations et jette
l'anneau des épousailles dans le feu (XVII).

Les noces sont célébrées au milieu du deuil général ; puis le roi s'en va et Gui le reconduit. Entretemps, Ermenjart, craignant pour la vie de son fils,
le confie à un bourgeois qui se charge de le faire
élever dans une île de mer par une de ses filles qui
vient de perdre son mari (XX).

Le jeune Beton fut ainsi nourri pendant deux
mois par Aiceline, la fille du bourgeois. Tous les
jours on leur apportait leur nourriture de chez le
bourgeois. Cependant Gui réclame l'enfant, assurant
qu'il veut le faire élever honorablement (XXI). Ermenjart répond d'abord qu'il est mort, qu'un jour
elle l'a trouvé sans vie à son côté. Gui refuse de croire
ce mensonge, et s'emporte jusqu'à la frapper avec
ses éperons d'or. La dame, furieuse, lui dit que Beton
est vivant et qu'un jour il saura venger son père. Gui
fait aussitôt proclamer à son de trompe que quiconque lui apportera Beton recevra une récompense de
mille marcs d'argent. Il arriva vers ce temps qu'un

pêcheur, nommé Ebrart [1], aborda dans l'île où le fils du duc Beuve vivait caché. La nourrice lui fit bon accueil et s'empressa de lui faire savoir qui était l'enfant confié à sa garde, lui recommandant de n'en rien dire à Gui, qui infailliblement le ferait mettre à mort. Ebrart promet d'être discret, mais il ajoute, parlant entre ses dents: « J'ai trouvé aujourd'hui mille « marcs d'argent dans la mer! » (XXII).

Le pêcheur se hâte d'aller communiquer la nouvelle à Gui, qu'il trouve prêt à se mettre à table. Le jongleur Daurel, qui était présent à la cour, l'apprend ; il est même désigné par Gui comme garant de la somme à payer. Désireux de sauver à tout prix son jeune seigneur, il monte à cheval et se rend au bord de la mer. Il y trouve le frère d'Aiceline, qui allait porter des vivres à sa sœur; il l'informe du danger qui menace Beton, et tous deux se hâtent de passer dans l'île et emportent l'enfant, au grand chagrin de la nourrice qu'ils oublient d'emmener avec eux. Arrivé à terre, Daurel monte à cheval et se rend tout d'une traite à son château de Monclar, et là il remet l'enfant aux soins de sa femme. Elle et ses enfants sont remplis de joie (XXIV).

Cependant le traître Gui, ayant fini de dîner, se met en route, guidé par le pêcheur Ebrart, pour aller chercher l'enfant. Arrivés dans l'île, ils interrogent la nourrice, qui leur répond que des marins, ayant abordé, le lui ont enlevé. Gui ne se paie pas de cette raison et, s'étant fait apporter des épines, il en frappe

---

1. Ailleurs Abram, voy. la table des noms propres.

la malheureuse par la poitrine de telle sorte que le sang et le lait coulent à la fois : « Ne me tuez pas, » crie-t-elle, « c'est Daurel qui l'a emporté; je ne sais « rien de plus. — Voilà qui me paraît vraisemblable, » dit Gui, « car je ne l'ai pas vu à table aujourd'hui » (XXV).

Le lendemain, de bon matin, le traître se met en route pour Monclar, accompagné de cent chevaliers. Y étant arrivé, il appelle Daurel, qui se rend auprès de lui, après avoir fait promettre à ses fils de ne livrer l'enfant à aucun prix, mais de se tenir prêts à s'enfuir par mer avec lui lorsque la nuit sera venue. Gui somme Daurel de lui livrer Beton, et, sur le refus de celui-ci, il donne l'ordre de mettre le feu au château. — « Arrêtez ! » s'écrie Daurel, « je vais vous l'apporter. » Il rentre dans le château et, s'asseyant sur un banc, il se désole. Beatris, sa femme, lui donne alors le conseil de substituer à Beton son plus jeune fils, et de le porter au traître : « Mon fils mourra, mon « seigneur sera sauvé ! » Daurel prend l'enfant et, le remettant à Gui « : Donnez-moi votre parole », dit-il, « que vous ne lui ferez aucun mal. — Sachez en vé-« rité, » répond le traître, « que je ne lui en ferai point, « et qu'il sera bien gardé. » Ayant parlé ainsi, il prend l'enfant et, lui découvrant la face : « Beton, » dit-il, « vous m'aviez échappé : sous peu vous allez être « soigné comme il faut » (XXVI); et, le saisissant par les pieds, il lui brise la tête contre un pilier. Daurel ramasse son enfant, l'enveloppe en une étoffe de soie, et, sans arrêter, se rend à Poitiers. Ermenjart venait d'entendre dire que Gui avait tué Beton, lorsqu'arrive

Daurel, qui lui conte ce qu'il a fait. « Mon fils est mort « et je fais allaiter le vôtre. Veillez sur le château de « Monclar, car je m'en irai outre-mer avec Beton et « ne reviendrai que lorsqu'il sera en état de porter ses « armes ». On enterra le fils du jongleur auprès du duc : il l'avait bien mérité puisqu'il était mort pour lui. Daurel revient à Monclar, équipe un navire, y fait entrer une nourrice pour l'enfant, y met une harpe et une vielle pour se recréer, et s'embarque avec son écuyer, laissant sa femme et ses deux fils. Celle-ci monte au sommet de la tour, et suit de l'œil, le plus longtemps qu'elle peut, son époux qui s'éloigne; puis, désolée, elle se laisse tomber et meurt (XXVII).

Ermenjart fait venir le sénéchal Azemar, lui donne de l'argent et le charge de mettre en défense le château de Monclar. Celui-ci s'acquitte sans retard de sa mission ; il approvisionne la place de froment, de foin, d'avoine, de lard, de vin ; il y met trente archers, vingt arbalétriers, quarante chevaliers choisis. Il les pourvoit d'autours, d'éperviers, de chiens de chasse ; on joue dans le château aux tables et aux échecs, et on y mène joyeuse vie (XXIX).

Gui entre en fureur lorsqu'il apprend que Daurel s'était enfui avec Beton, et que Monclar était en défense. Il commence par faire enfermer sa femme, puis, ayant réuni mille chevaliers, il vient assaillir Monclar, mais il est obligé de se retirer sans avoir remporté aucun avantage (XXX).

Daurel, cependant, arrive en Babylonie. Il se rend au palais de l'émir, avec Beton que portait son écuyer. Il exécute deux lais sur la harpe; il joue de la vielle, et charme l'émir et la cour par ses jeux et ses tours d'adresse. Puis, il l'assure qu'on parle honorablement de lui à la cour de Charlemagne. L'émir, ravi, veut donner au jongleur une cité. Daurel remercie : il ne demande qu'une chose, c'est que l'émir veuille bien se charger de faire élever Beton, qu'il présente comme son fils. L'émir prend l'enfant, qui lève les yeux et rit. L'émir, tout joyeux, confie le jeune Beton à la reine, qui promet d'en avoir soin comme de son propre fils. Jusqu'à l'âge de trois ans il fut élevé à l'intérieur. Lorsqu'on le fit sortir, tout le monde le regardait tant il était beau. Le roi [1] dit : « Chevaliers, écoutez : « il n'est pas possible que cet enfant soit fils de Dau- « rel : il ne lui ressemble en rien. — Sire roi, » reprit Daurel, « il faut que vous ne m'aimiez guère, pour « m'enlever ainsi la paternité de mon enfant. — Ne « vous fâchez pas », dit le roi, « ce que j'en dis n'est pas « par mauvaise intention. » Il avait quatre ans lorsqu'il prit au roi ses gants et alla les porter à la reine : « Je voudrais », dit le roi, « dût-il m'en coûter une « douzaine de mes cités, avoir un fils semblable : « j'en ferais un émir. » A cinq ans, il montait à cheval, parlait bien et savait jouer aux tables, aux échecs et aux dés [2], et toute la cour l'aimait (XXXII).

---

1. Le même personnage est appelé tantôt roi, tantôt émir.
2. Avoir le goût du jeu et particulièrement des jeux ici mentionnés, est, au moyen-âge, un signe de noblesse. *Mes fiex demande tables et eskiés pour juer*, dit, dans *Aiol*, (édit. de la Société, v. 7124), une mère qui veut prouver que son fils tient d'elle des sentiments nobles.

Revenons maintenant à Gui. Un jour qu'il était allé chasser, accompagné de cent hommes armés, il fut attaqué par la garnison de Monclar et s'échappa à grand peine après avoir perdu plusieurs de ses hommes. Irrité, il réunit une armée et mit le siège devant Monclar, jurant d'y rester jusqu'à ce que la garnison soit en son pouvoir (XXXVI).

A six ans, le jeune Beton avait fait de nouveaux progrès dans l'affection du roi, de la reine et de leur fille Erimène. Daurel lui fit apprendre à jouer de la harpe et de la vielle. A l'âge de sept ans, il savait jouer de ces instruments, dire des chansons et composer de lui-même. Un jour que Daurel était allé à la pêche des dauphins, le jeune Beton vit des enfants de haute naissance qui jouaient entre eux. Il courut s'asseoir à la table de jeu; il joua son bliaut[1] et eut bientôt gagné ceux de dix des enfants. Il charge tous leurs bliauts sur son cou et va par la ville les offrant aux jeunes damoiseaux. Cette conduite étonne l'émir, qui convoque sa cour et exprime une fois de plus l'opinion qu'un enfant doué de sentiments si généreux ne peut être le fils d'un jongleur. « Nous le saurons bien, » dit la reine. « Faites-le rentrer et dites-lui d'aller con- « ter des vers à ma fille. Je lui ferai pour cela offrir « cent marcs d'argent : s'il les prend, c'est qu'il est le « fils du jongleur, sinon, il n'a rien de commun avec « lui. » L'épreuve est faite : le roi et toute la cour y assistent cachés autour de la chambre où la scène va

---

[1]. Sorte de vêtement de dessus; voy. Quicherat, *Histoire du costume en France*, p. 138-9.

avoir lieu. Beton joue et chante; la jeune fille lui offre les cent marcs, qu'il refuse, la priant de garder cet argent pour les jongleurs qui pourront venir à la cour; il se décide toutefois à accepter trois dés d'or qu'elle avait dans la main. Puis il va conduire à l'abreuvoir le cheval du roi. Le roi est de plus en plus étonné et les assistants disent, tous d'une voix : « C'est un enfant volé! » (XXXVIII.)

A neuf ans, il était écuyer du roi, il savait jouer aux tables, aux échecs, aux deniers (?), il chassait avec chiens, lévriers, autours, éperviers, tirait les oies sauvages, entraînait les chevaux. Il était aimé de tous. A table, il servait devant le roi, puis il jouait de la vielle ou chantait. Tout cela faisait grand plaisir à Daurel (XXXIX).

A onze ans, il apprit l'escrime sous la direction d'un habile sarrazin. Il avait douze ans lorsque Daurel, pour éprouver sa force, jouta contre lui à cheval; il vida les arçons au grand effroi de Beton. Daurel, voyant le jeune homme si accompli, pensa que le moment était venu de lui révéler le secret de sa naissance. Beton apprit à quel dévouement il devait la vie, et quelle vengeance il avait à tirer de Gui. Il promit à Daurel de se laisser conduire par lui (XLII).

Beton avait treize ans lorsque le roi Gormon vint attaquer l'émir de Babylone, à la tête d'une nombreuse armée. Beton vint avertir l'émir qu'il venait de seller son destrier. « Nous ne sortirons pas, » répondit l'émir, « car nous ne sommes pas en force. » Beton se souvint de sa naissance. Il prit les armes du roi et sortit. Deux chevaliers se détachèrent de l'armée ennemie et vinrent au-devant de lui : il les abattit l'un après l'autre; puis il rentra en ville, ramenant les chevaux de ses deux adversaires, qu'il donna aux deux premiers damoiseaux qu'il rencontra. Mais Daurel accourt, un bâton à la main, et lui crie : « Fils de « mauvais jongleur, il vous en cuira d'être sorti sans « ma permission ! » L'enfant répond sagement : « Seigneur père, ne vous fâchez pas. C'est avec « joie que je recevrai vos remontrances. » Tous intercèdent en faveur du jeune homme. Le roi, qui avait assisté des fenêtres du palais aux exploits de Beton, accourt aussi vite que peut le porter son palefroi : il prend Daurel par les cheveux et le menace de la plus dure prison, s'il ne lui dit pas de qui Beton est fils, « car il ne peut pas être à vous ! » Daurel le prie de faire assembler sa cour, et là, en présence de tous, il raconte l'histoire de Beton. Le roi, entendant que c'est le neveu de Charlemagne qu'il a longuement nourri, serre Beton dans ses bras; lui et la reine le baisent cent fois, et les assistants s'écrient : « Roi, « donne-lui ta fille ! — Beton, » dit le roi en souriant, « je vous offre ma fille. » Beton, après en avoir demandé l'autorisation à son père adoptif, accepte avec reconnaissance, à condition qu'elle se fera baptiser. La jeune fille y consent. Daurel demande alors au roi de lui donner trois mille combattants pour aller à Poitiers prendre vengeance du traître Gui. On échange les serments. Le roi et Beton jurent sur une épée, et Daurel sur une croix d'argent; puis on prépare l'expédition [1],

---

1. On voit qu'il n'est plus question de Gormon ni de son armée.

et bientôt Beton et Daurel mettent à la voile. Au bout de trois mois, ils abordent près de Monclar (XLVI).

Ils trouvent le château assiégé. Daurel montre son écu à la garnison pour se faire reconnaître, puis lui et Beton s'arment, revêtent par dessus le haubert une chape, et, munis de leurs vielles, à la guise de jongleurs, ils se rendent à la tente de Gui. Celui-ci allait se mettre à table ; il leur fait bon accueil et Daurel commence à chanter ainsi :

> Qui veut oïr chanson, je dirai par verté
> D'une grant traïson qui ne fait a celer,
> Du faus traitor Guion cui Dieus puist mal doner !

En entendant ce début, Gui saisit un couteau pour le lancer à Daurel, mais Beton jette sa vielle à terre et d'un coup d'épée coupe le bras au traître. Puis il crie : Antone ! Ses hommes accourent, en même temps que la garnison du château fait une sortie. Les assiégeants sont bientôt mis en déroute, Beton protège les hommes de pied que Gui faisait marcher de force ; quant à ses chevaliers, il les laisse tuer. Les enfants de Daurel se jettent dans les bras de leur père, qui apprend alors la mort de sa femme. Le lendemain matin, tous se mettent en marche, traînant à leur suite Gui attaché à la queue d'un cheval. Les habitants de Poitiers font à Beton un accueil enthousiaste. Le traître est livré à Ermenjart, qui veut le faire pendre, mais d'abord Daurel exige qu'il confesse son crime. Aiceline réclame le pêcheur Ebrart : il est écorché vif. Gui, ayant avoué le meurtre de Beuve, est traîné par

b

tout Poitiers à la queue d'un cheval, et son corps est jeté en un fossé pour être dévoré par les vautours et les corbeaux (XLVIII).

Beton confie le gouvernement de ses terres à Daurel, à Azemar il donne Apremont; il fait Bertran chevalier et lui donne deux châteaux. Enfin il fait venir Erimène et l'épouse à Saint-Hilaire (XLIX).

Un jour, au mois de mai, Beton dit à sa mère qu'il veut tirer vengeance de Charlemagne. Ermenjart l'engage à lui demander, au préalable, réparation. Beton y consent : il charge de l'ambassade Bertran qu'accompagneront deux vaillants chevaliers, Azemar et Gausseran : « Allez promptement », leur dit-il, « à l'empereur. Ne le saluez pas; dites lui que je le « défie pour avoir consenti à ce que je fusse dépouillé, « et pour avoir vendu ma mère moyennant quinze « sommiers chargés d'or et d'argent. » Les messagers se mettent en route : le troisième jour ils arrivent à Paris. Ils se présentent à Charlemagne, et Gausseran prend la parole en ces termes : « Dieu protège « Rolant et Olivier! Je salue tous les douze pairs de « la part de Beton, le vaillant comte, mais je ne salue « point celui *au vis cler* [1], Charlemagne, que Dieu « maudisse! car il a donné sa sœur pour de l'or et « pour de l'argent au traître Gui, qui, croyant tuer « Beton, frappa contre un pilier le fils d'un jongleur. « Dieu a sauvé Beton, qui maintenant vient vous « demander raison de ce crime. Il a pris vengeance

---

1. Au visage brillant, désignation couramment appliquée à Charlemagne dans les chansons de geste françaises.

« de Gui, mais il ne vous pardonne pas. Il ne vient
« pas vous promettre soudées ni argent, mais, par
« le Seigneur-tout puissant, avant un mois il vous
« aura causé du dommage. Tant qu'il pourra porter
« ses armes, vous ne le verrez pas quatre jours en
« repos. » L'empereur le regarda : il se prit à rire et
« à hocher la tête : « Ami, » dit-il, « il faut que
« tu aies le cœur fier pour m'être ainsi venu mena-
« cer... »

II

CARACTÈRE DU POËME ; LIEU ET ÉPOQUE DE LA
COMPOSITION ; TÉMOIGNAGES.

Après ces mots, on ne peut plus lire sur la dernière page usée et tachée du ms. que quelques fragments de vers dont il est impossible de tirer un sens. Nous ne pouvons savoir, par conséquent, comment finissait le poëme. Charlemagne consentait-il à « faire droit », comme on disait au moyen âge, c'est-à-dire à offrir une réparation pour les torts dont il avait été la cause ? ou l'auteur nous le montrait-il refusant toute réparation et se faisant battre par Beton, fort de son bon droit et des troupes sarrazines de son beau-père l'émir de Babylone ?. Ce sont là des questions auxquelles on ne pourrait répondre avec vraisemblance qu'à condition de s'identifier plus qu'il n'est désirable avec l'esprit de l'auteur. Bornons-nous à étudier la partie conser-vée, et recueillons les indices qu'elle peut nous fournir tant sur le caractère du poëme, que sur le temps et le lieu où il a été composé.

Daurel et Beton est, par la forme comme par le sujet, une chanson de geste. La forme est la laisse monorime, le sujet est une histoire de pure invention, où les aventures romanesques tiennent, comme on l'a vu, une grande place ; mais Charlemagne y figure, quoique peu à son avantage. Rolant, Olivier, les douze pairs, y sont mentionnés : c'est assez pour rattacher notre poëme à l'épopée carolingienne. Il appartient à la phase où, tout en conservant la forme ancienne et quelques-uns des personnages traditionnels de l'épopée, on empruntait aux romans d'origine byzantine leurs merveilleux récits, dans lesquels les Sarrasins étaient représentés non plus comme des mécréants indignes de vivre, mais comme les émules, parfois comme les auxiliaires des chrétiens. Cette phase, récente par rapport à notre épopée primitive, ne laisse pas de se placer à une date relativement ancienne dans la succession des époques de notre littérature. *Aie d'Avignon*, où l'influence byzantine est manifeste, appartient encore au xiie siècle ; *Daurel et Beton*, cité au commencement du siècle suivant par Guiraut de Cabréra, ne peut pas être beaucoup plus récent qu'*Aie*.

Dans quelque catégorie que l'on fasse entrer le poëme de Daurel et Beton, on ne lui assignera jamais un rang bien élevé parmi les œuvres du moyen âge. Nous verrons dans la suite de ces recherches que ce poëme soulève des questions très intéressantes, qu'il présente des particularités qui en font à certains égards un type unique ; mais, tant pour l'art de la composition que pour le style, on ne peut lui reconnaître une grande valeur. L'auteur inconnu à qui nous le devons possédait visiblement une connaissance étendue de la poésie narrative du moyen âge. Il était, selon toute apparence, l'un de ces jongleurs qui colportaient de châteaux en châteaux la littérature du temps. Ce qui est certain, c'est que les réminiscences de ses lectures ont apporté un secours très réel à son imagination. Il y aurait de la subtilité à rechercher quel souvenir a pu lui suggérer chacun des épisodes de son poëme, mais on peut du moins indiquer l'ouvrage où il en a pris l'idée première. Cet ouvrage, c'est la chanson de Beuve d'Antone, dont nous possédons, en ancien français, trois rédactions fort distinctes [1]. Dans deux

---

[1]. A, ms. Bibl. nat., 25516; — B, mss. divers à Paris, (Bibl. nat., fr. 12548) Rome, Venise et Vienne ; c'est la version qui a été mise en prose et qui est passée dans les *Reali di Francia*, livre IV; — C., ms. de la bibliothèque Didot, auquel se rattache le poème anglais de *Sir Bevis* qui est analysé dans les *Specimens of early english metrical romances* de G. Ellis. — Crescimbeni, *Istoria della volgar poesia*, 3ª ediz., I, 336. Quadrio, *Storia d'ogni poesia*, IV, 541, et d'autres, d'après eux, ont cru à l'existence d'un *Beuve d'Antone* en provençal, mais le ms. que Crescimbeni et Quadrio indiquent comme provençal existe encore, c'est le n° 1632 du fonds de la reine Christine, au Vatican, qui est en français. M. Keller en a donné des extraits dans son *Romvart*, 404-11. Crescimbeni affirme que, d'après une note finale, l'ouvrage aurait été composé en 1380. Mais cette note, mieux lue par M. Keller, porte « mil trois cent et quatre ». Elle ne saurait en tout cas se rapporter à la composition de l'ouvrage. M. A. Thomas, de l'école française de Rome, qui a bien voulu vérifier ce point pour moi, m'informe que la note en question a été écrite vers la fin du xiv° siècle, environ un siècle après l'achèvement du manuscrit. — Disons que s'il n'existe pas de rédaction provençale de *Beuve d'Antone*, nous avons du moins la preuve que ce poëme a été fort ré-

d'entre elles — celles qui sont désignées dans la note ci-dessous par *A* et *B* — le poëme s'ouvre par le récit d'un meurtre accompli en trahison. Le comte Gui d'Antone est tué a la chasse, dans la forêt d'Ardenne, par le traître Doon de Mayence. Par suite, le fils de Gui est obligé de s'exiler, et il se rend en Orient où il a de nombreuses aventures, dans lesquelles, malgré le désir qu'il a de cacher sa haute naissance, la noblesse de ses manières le trahit plus d'une fois. Réduits à ces termes, les faits présentent une grande analogie avec ceux que nous offre *Daurel et Beton*. Ici de même le duc Beuve d'Antone est tué en trahison, à la chasse, dans la forêt d'Ardenne, et son fils Beton n'échappe à la mort que par l'exil. A la vérité les circonstances sont très différentes. Dans *Beuve d'Antone* le traître agit à l'instigation de la femme de Gui d'Antone, tandis que dans *Beton* l'épouse de la victime est de tout point irréprochable; en outre, la fuite de Beton dans notre poëme s'opère tout autrement que la fuite de Beuve dans *Beuve d'Antone*. Enfin, si on peut signaler une certaine concordance entre les deux récits, il ne faut pas négliger de dire que les faits mêmes qui se prêtent au rapprochement ne sont pas appliqués, de part et d'autre, aux mêmes personnages. Ainsi, dans *Beuve d'Antone*, c'est Gui, père de Beuve, qui suc-

---

pandu dans le Midi. Le témoignage souvent cité de Peire Cardinal *Chantarai dels filhs n'Arsen* | *E de Bueves d'Antona* (Raynouard, *Lex. rom.* I, 440), montre par la forme *Bueves* que l'allusion se rapporte à un poëme français. Un autre troubadour, Guiraut del Luc, dit qu'il fait un sirventes *el son Boves d'Antona (Archiv. f. d. Stud. d. neueren Sprachen*, XXXIV, 188).

combe en trahison; dans *Beton*, c'est Beuve lui-même;
dans le premier de ces deux poëmes Beuve est contraint
de fuir en Orient, dans le second l'enfant qui échappe à
la mort par l'exil est Beton, personnage de création
nouvelle. Aussi n'y a-t-il pas lieu de reconnaître ici
une imitation voulue de la part de l'auteur de *Daurel
et Beton:* je veux dire seulement que cet auteur avait
lu ou entendu *Beuve d'Antone* (soit *A*, soit *B*), qu'il y
a pris l'idée générale des faits narrés au début de son
poëme, et le nom même de Beuve d'Antone, ce nom
étant la preuve la plus décisive de l'emprunt [1].

Il y a dans *Daurel et Beton* un autre nom où on
peut voir encore l'indice de réminiscences épiques;
celui du païen Gormon qui vient assaillir Babylone.
L'auteur connaissait, dans quelqu'une de ses formes,
la tradition de Gormont et d'Isembart.

Voici enfin une coïncidence qui peut à la vérité être
fortuite, mais qui peut être aussi le résultat d'une
imitation lointaine. Un épisode qui serait réelle-
ment émouvant, s'il avait été traité avec plus de
puissance, est celui où on voit Béatris, la femme de
Daurel, conseiller à son mari de livrer au traître leur
propre fils, au lieu et place du jeune Beton. On voit
là, portée jusqu'à l'héroïsme, l'idée du dévouement
au seigneur qui est le premier dogme de la morale
féodale. Lorsque la veuve du duc Beuve apprend à

---

[1]. En effet, la seule analogie des deux épisodes ne suffirait pas à
établir l'emprunt. Il y a, ailleurs que dans *Beuve* et dans *Beton*,
des récits du même genre. Ainsi, dans *Floriant et Florete*, le roi
Elyadus est tué à la chasse par son sénéchal Maragoz, qui ensuite
cherche à épouser sa veuve.

quel prix son fils a été sauvé, elle dit à Daurel : « Vous
« avez fait ce que jamais homme n'a pu faire : donner
« son fils pour sauver son seigneur ». L'auteur d'un
des plus beaux poëmes que nous ait légués le moyen
âge disait de même, après avoir raconté un acte de
dévouement tout à fait semblable :

> Furent mais gens en cest siecle vivant
> Qui por autrui livraissent lor anfant
> Com fist Reniers et sa fame ausimant ?
> *(Jourdain de Blaye, vv. 709-11.)*

Je ne veux pas faire la comparaison des deux ré-
cits : le rapprochement serait trop défavorable à no-
tre poëme, où cependant il faut relever un vers noble
et bien frappé dans lequel Béatris résume sa pensée :

> Morra mos filh, mosenher er salvatz.
> (V. 1013)

Bien que la preuve de l'emprunt ne puisse pas
être fournie, il me semble probable qu'ici encore il y
a eu chez l'auteur de *Beton* un souvenir plus ou moins
vague de la belle scène de *Jourdain de Blaye* ou de
quelque autre du même genre ; car l'idée du servi-
teur poussant jusqu'à ses plus extrêmes limites le dé-
vouement à son seigneur, est un des lieux communs
de la littérature féodale et se présente sous des formes
variées [1]. Ce qui me porte à douter, en général, de

---

[1]. Telle était peut-être aussi l'idée générale du poëme que
se faisait dire Garnier de Nauteuil :

> D'une chançon fait dire de Robert l'ecoier

l'originalité des conceptions que nous offre *Daurel et Beton*, c'est la maladresse avec laquelle elles sont mises en œuvre. Le lecteur aura pu déjà se former une opinion sur ce point par l'analyse donnée ci-dessus ; rappelons cependant quelques scènes.

L'amitié qui unit Beuve à Gui est un sentiment parfaitement naturel en soi, mais si l'auteur avait pris la peine de nous dire sur quoi il se fondait, nous aurions moins de peine à comprendre l'étrange aveuglement de Beuve, que les avertissements répétés de sa femme ne réussissent pas à désabuser. La résignation, la douceur véritablement angélique (le mot est dans le poëme, v. 419), dont il fait preuve lorsqu'il se sent frappé, excitent la pitié, mais n'y a-t-il pas excès à nous représenter la victime suggérant à l'assassin les moyens d'échapper au châtiment, et lui destinant sa veuve ? Et plus tard, lorsqu'on nous a montré le crime évident pour tous, comment nous faire admettre la possibilité du mariage de l'infortunée veuve avec le meurtrier de son époux ? Certes, nous savons qu'au moyen âge la volonté de la femme n'était guère consultée, surtout lorsqu'elle était riche. L'héritière d'un fief pouvait être contrainte par son suzerain à se remarier, bon gré mal gré, et la liste des unions imposées par la violence serait longue, depuis Gal-

---

Et de la bonne foi Enguelas sa moillier.
Com garirent de mal lor seignor Olivier
(*Aye d'Avignon*, p. 55.)

Au lieu de *l'ecoier* ou *le coier*, il y a dans un autre texte dont j'ai eu récemment connaissance, *le voier*, ce qui est la bonne leçon.

suinthe jusqu'à Piccarda Donati, mais ici le rôle que l'on fait jouer à Charlemagne est par trop grossier, et l'invraisemblance de toute la scène est choquante. Les personnages sont tout d'une pièce, tout bons ou tout mauvais, les scènes mal conduites et mal liées. La scène émouvante dans laquelle on voit Daurel sacrifier son propre fils pour sauver Beton est très maladroitement amenée par une imprudence bien invraisemblable de Daurel. On ne conçoit pas pourquoi le jongleur, qui devait bien s'attendre à voir Gui se mettre à sa poursuite, ne s'est pas enfui sans retard, au lieu d'attendre l'arrivée du traître. Tout, enfin, dans le poëme, dénote une pénurie d'idées qu'on s'expliquerait difficilement chez un homme capable d'imaginer les situations qu'il nous présente.

Ne nous attardons pas à des considérations esthétiques que le sujet ne comporte guère, et voyons quels indices la teneur du poëme fournit relativement à l'auteur, à l'époque et au lieu de la composition. Nous verrons dans le chapitre suivant que la langue ne peut nous donner que bien peu de lumières sur ces divers points : tenons-nous en actuellement aux données qui ressortent du récit.

De l'auteur nous ne savons rien et nous ne pouvons rien savoir : s'il s'est nommé, il a probablement réservé son nom pour la fin de l'œuvre, et cette fin manque. Mais nous pouvons du moins former des conjectures vraisemblables sur sa condition sociale, sur le temps et le pays où il vivait. Tout porte à croire qu'il était jongleur de profession. Tout en répétant de château en château et de place en place le répertoire courant de ceux de sa condition, il avait, comme bien d'autres de ses confrères, appris à composer par lui-même ; mais il composait, comme nous l'avons vu, plutôt avec ses souvenirs qu'avec son imagination. Il y a cependant quelque chose qui paraît lui appartenir en propre dans l'idée dominante de son poëme, et c'est par là, ce me semble, qu'il décèle le plus complètement son état. L'idée dominante de *Daurel et Beton,* c'est le dévouement sans réserve d'un serviteur envers son seigneur. Cette idée, nous l'avons vu plus haut, est si loin d'être nouvelle qu'on peut même la regarder comme un lieu commun. Mais ce qui est particulier à notre auteur, c'est d'avoir substitué au serviteur ou au vassal traditionnel un jongleur. *Daurel et Beton* est proprement la glorification du jongleur. Dès la première fois que Daurel se présente à Beuve, il reçoit en don un palefroi, et peu après c'est un château situé sur la mer et pourvu d'un port qui lui est donné. Mais Beuve sera amplement récompensé de sa libéralité : s'il est le modèle des seigneurs, Daurel se montre le plus accompli des vassaux ; son dévouement est sans bornes, puisqu'il sacrifie son propre fils pour sauver le fils de son maître, et les ressources de son esprit sont illimitées. Il se consacre tout entier à son jeune seigneur, il dirige son éducation, et lorsque le moment est arrivé de tirer vengeance du traître et de lui reprendre l'héritage qu'il a usurpé, c'est encore Daurel qui prépare tout, et qui, par l'habileté de ses combinaisons, assure le succès final. Et cependant l'auteur n'est pas un novateur, un révolutionnaire, comme nous dirions maintenant : il ne s'écarte pas des idées de son temps; il reste persuadé que la noblesse des sentiments est indissolublement liée à la noblesse de la naissance. Certes, il n'a pas contre les vilains les préjugés courants : tout son poöme est une protestation contre le dicton si répandu :

> Oignez vilain, il vous poindra,
> Poignez vilain, il vous oindra,

mais il sait maintenir une distance respectueuse entre le noble et l'annobli. Chacun des actes du jeune Beton, quand il est à la cour du roi de Babylone, trahit son origine, et, à mainte reprise, l'émir sarrasin s'écrie, émerveillé : « Il n'est pas possible que cet en-« fant soit fils d'un jongleur ! » jusqu'au jour où l'événement vient justifier ses soupçons. C'est ainsi que l'auteur a su exalter le personnage du jongleur tout en le maintenant dans son rôle. Quel exemple plus encourageant pouvait-il proposer à la libéralité des seigneurs devant qui il récitait *Daurel et Beton?*

En ce qui touche l'époque de la composition, la limite inférieure est déterminée par la mention de *Daurel et Beton* que nous avons, au début de cette introduction, transcrite d'après Guiraut de Cabréra. Il est fâcheux que la date de ce témoignage flotte sur un espace de peut-être un demi-siècle, si on prend comme le terme le plus éloigné la date 1170 proposée par M. Mila. Toutefois si l'auteur est, selon ma supposition, non pas le personnage auquel a pensé M. Mila, mais son fils, la date de la pièce se rapproche sensiblement, et peut être dès lors placée aux environs de l'année 1200. Cette hypothèse conviendrait assez bien à la date présumable de *Beton* que je ne voudrais pas faire plus ancien que la fin du xii° siècle. On pourrait même le faire descendre jusqu'aux premières années du xiii° siècle, sans que rien dans l'œuvre même vînt faire obstacle à cette appréciation. Si on maintenait pour la pièce provençale la date de 1170, il faudrait admettre qu'il a existé de *Daurel et Beton* deux rédactions successives dont la première aurait été seule connue de Guiraut de Cabréra. Mais, je n'ai rien remarqué dans le poëme qui offre d'une manière décisive le caractère d'un remaniement.

Le pays d'où le récit est originaire se laisse mieux déterminer. Les noms de lieu mentionnés çà et là conduisent à des conclusions assez précises. Ces noms sont assez peu nombreux pour que nous puissions, sans y employer beaucoup d'espace, les relever tous ici. Il n'y a rien à tirer de la mention d'Antone, le fief héréditaire de Beuve. Ce château était situé, d'après une rédaction de la chanson de *Beuve d'Antone*, dans les Pays-Bas, sur la Meuse [1]; mais l'auteur de *Beton* a accepté le nom d'Antone, avec celui de Beuve, sans se préoccuper de la situation géographique du lieu. L'Ardenne où est tué Beuve est un nom emprunté à la même chanson de geste, et n'a pas plus d'importance pour notre recherche. Apremont (vv. 10, 311, 535, etc.), château appartenant au traître Gui, Monclar

---

[1]. Bibl. nat., fr. 22516, fol. 1 :

> En Avautere, sour Meuse par de la,
> Ot .j. chastel que li dus i ferma.

(vv. 209, 335, etc.), donné à Daurel par Beuve, sont des noms trop communs pour que nous ayons à en tenir compte. Mais les autres noms de lieu sont plus intéressants, en ce qu'ils appartiennent tous [1] à une même région, celle qui s'étend d'Agen à Poitiers. C'est Poitiers et Bordeaux avec le territoire adjacent jusqu'à Agen que Charlemagne donne à Beuve avec sa sœur (vv. 135-6, 200-1.) C'est à Saint-Hilaire de Poitiers qu'est enterré Beuve (v. 531) et bientôt après le fils de Daurel (v. 749); c'est là enfin qu'est ensuite célébré le mariage de Beton (v. 2084). Il y a donc, dès maintenant, présomption que le poëme a été composé dans l'ouest de la France, sur les confins des pays de langue d'oc et de langue d'oui.

Les noms de personnes fournissent, dans certains cas, des indications précieuses sur la provenance des textes où on les rencontre. On sait, en effet, que certains noms, fréquents dans telle région, sont inconnus dans telle autre. Mais ceux que contient notre poëme sont trop peu nombreux pour qu'on en puisse tirer aucune conclusion précise, d'autant plus que quelques uns d'entre eux, Beuve *(Boves, Buvo)*, Ermenjart, etc., sont empruntés à la littérature des chansons de geste et, par conséquent, n'ont rien de spécial à *Beton*. Notons cependant qu'*Aicelina, Bertran, Beto, Gauseran,* sont bien rares ailleurs que dans le midi de la France [2]; *Daurel* est embarrassant. Je n'ai

---

1. Je ne parle pas, bien entendu, de Paris ni de Babylone.
2. Pour *Beto,* souvent écrit *Betto* dans les plus anciens documents, voir les tables des cartulaires de Saint-Hugues de Grenoble, de Saint-Victor de Marseille etc. *Betonetus,* dans un acte toulousain

II. — LIEU ET ÉPOQUE DE LA COMPOSITION

pas réussi à en trouver un second exemple. Bien qu'employé seul, et par conséquent comme nom, ce peut-être originairement un surnom (*d'Aurel*). *Aurel*, *Aureil* est assez fréquent dans la toponymie de nos provinces méridionales. On connaît un troubadour appelé Bertran *d'Aurel* (ou *Daurel?*).

Daurel et Beton ne semble pas avoir joui d'un grand succès au moyen âge. Mes recherches dans les catalogues d'anciennes bibliothèques pour trouver la mention de quelque manuscrit de cet ouvrage ont été vaines. La seule allusion certaine que j'aie rencontrée est celle de Guiraut de Cabréra qui a été relevée au début de ce travail. Une autre, moins assurée, est fournie par un traité latin attribué à Alphonse X [1], sur les choses nécessaires à l'approvisionnement et à la défense d'un château en temps de guerre, et dont le ms. unique, paraît-il, est conservé à l'Escurial. Dans cet ouvrage se lit un passage ainsi conçu : « Item, sint ibi « romancia et libri gestorum, videlicet Alexandri, Ka« roli et Rotlandi et Oliverii et Verdinio, et de An« tellmo lo Danter et de Otonell, *et de Bethon*, et de « comes de Mantull, et libri magnorum et nobilium « bellorum et preliorum que facta sunt in Hispania, et « de iis animabuntur et delectabuntur [2]. » Le nom de

---

de 1249 (Vaissète, nouv. éd., VIII, 1264). Un Beton est nommé dans *Girart de Roussillon*, § 109 de ma traduction, v. 1150 de l'édition Hofmann ; *Valbeton* ou *Vaubeton* est un lieu souvent mentionné dans le même poëme. Pour l'origine du nom et sa diffusion dans les premiers siècles du moyen âge, voir Pott, *Die Personennamen*, pp. 148, 254, et Fœrstemann, *Altdeutsches Namenbuch*, I, sous Bad.

1. En réalité il est bien postérieur : voy. A. de los Rios, *Historia critica de la literatura española*, III, 563, n. 3.

2. Ce texte a été cité par M. Fr. Michel dans les notes du poëme

Bethon ne suffit pas pour qu'on puisse affirmer sans réserve qu'il s'agit ici de notre roman; cependant, si on considère que l'objet du passage cité est d'indiquer les livres qui peuvent fournir une lecture appropriée aux défenseurs d'un château assiégé, que dans *Daurel et Beton* on voit la garnison de Monclar faire honorablement son devoir, on jugera sans doute que l'auteur du traité peut fort bien avoir voulu désigner notre poëme.

III

VERSIFICATION ET LANGUE

Daurel et Beton est, on l'a dit plus haut, par la forme comme par le fonds, une chanson de geste. C'est de la forme que nous allons traiter actuellement.

VERSIFICATION. — Les 2198 vers qui nous restent du poëme sont divisés en cinquante-trois tirades monorimes dont la plus longue (XLVII) a 122 vers et la plus courte (V) n'en a que 13. Les cinq premières (138 vers) sont en alexandrins, le reste est en vers de dix syllabes, entre lesquels apparaissent, çà et là, des alexandrins [1] qui, ordinairement, se laissent ramener

---

de la guerre de Navarre, p. 605, puis, indépendamment, par M. Mila y Fontanals, dans ses *Trovadores en España*, p. 473, note.

1. Par ex. vv. 155, 437, 675, 742, 756, 968, 1295, 1318, 1493, 1543, 1564, 1608, 1635, 1655-6, 1687, 1698, 1872-5, 1877.

sans peine à la forme décasyllabique. Trois hypothèses sont possibles : 1º le poëme a été commencé en alexandrins et continué en vers décasyllabiques; 2º le poëme a été tout entier écrit en alexandrins; 3º le poëme a été tout entier écrit en vers de dix syllabes. La première n'a rien d'inadmissible. Il ne manque pas d'ouvrages où l'auteur a employé successivement deux formes différentes de vers. Mais, entre les exemples qu'on peut alléguer de cette singularité, je ne vois pas qu'on ait jamais cité aucune chanson de geste. En outre, dans le cas présent, l'auteur se serait bien vîte ravisé. La seconde hypothèse ne figure ici que pour la symétrie. Il est tout à fait invraisemblable qu'on ait mis en vers de dix syllabes un poëme en alexandrins; l'inverse est, au contraire, fréquent. C'est donc à la troisième hypothèse que nous nous arrêtons. Nous supposons qu'un copiste aura entrepris de mettre le poëme en alexandrins, et n'aura pas tardé à se lasser de cette besogne. La facilité avec laquelle la plupart de ces alexandrins se laissent ramener à la forme décasyllabique est un argument en faveur de cette manière de voir [1].

[1]. On pourrait, pour fournir un commencement de preuve, rétablir ainsi qu'il suit les premiers vers :

    Plat vos auzir huna rica canso ?
    Entendet la, escotas la razo
    D'un riche duc e del comte Guio,
    E de Daurel e de l'enfan Beto
5   Qui en s'enfansa tray tan gran pasio.
    Boves d'Antona sazia en .j. peyro.
    Entorn lu son tuh li melhor baro,
    Aqui fo Gui cui Donedieus mal do !
    Cel que non ac ne vila ne maiso
    Mas un castel c'um apela Aspremont.

V. 1. C'est la leçon même du ms.; j'ai ajouté dans le texte [*Senhor*]

Les rimes sont en général fort exactes, résultat qui du reste n'est obtenu, comme on le verra dans les pages suivantes, qu'au prix de la pureté de la langue. Çà et là quelques légères traces d'assonances, ainsi *els* et *sers* (soir) écrit *ses* dans la laisse XX (vv. 686-7). Le premier de ces deux cas me semble assez exceptionnel; quant au second, il est loin d'être rare : on trouve de même *avers* parmi des rimes en *es* dans la chanson de la Croisade albigeoise, v. 5042. Dans la laisse XI nous observons un fait analogue, *coredors* parmi des rimes en *os*. A proprement parler, il n'y a pas là d'assonnance, étant bien établi que dès le xiiie siècle au moins, l'*r* tendait à s'effacer lorsqu'il était suivi d'*s* principalement à la fin des mots. Nous reviendrons sur ce point plus tard, en traitant de la graphie du copiste. Ce qui est bien réellement une assonance c'est *corredor*, v. 346, que nous offre la même tirade en *os*. — *Aspremont,* v. 10, est aussi une assonance, mais nous avons vu que les premiè-

---

pour donner au vers ses douze pieds. — 2. Je retranche *si vos plas*. — 3. Je retranche *de Fransa* comme au v. 7 *Franses*. Ces deux mots sont visiblement interpolés, car ils mettent le début du poëme en désaccord avec la partie en vers décasyllabiques. Là, en effet, on voit qu'Antone, résidence du duc Beuve, n'était pas situé dans ce qu'on appelait alors France : au v. 217, Beuve suppose que sa femme regrette la France : donc elle n'y est plus; au v. 706, Ermenjart dit au traître Gui que le jeune Béton est en nourrice en France, etc. — 4. Ou, pour conserver *joglar* : *E del joglar Daurel e de Beto*. — Çà et là la restitution présente plus de difficultés, mais il ne faut pas oublier que ces remaniements ne se font pas par l'allongement constant de chaque vers, qu'il se produit nécessairement des interpolations plus ou moins considérables entre lesquelles il est difficile de reconnaître ce qui a été conservé de la rédaction primitive.

res tirades ont subi un remaniement, et ce mot peut n'avoir pas été à la rime dans la rédaction originale. — On verra plus loin que les laisses en *atz* contiennent quelques mots en *at*.

L'élision de la voyelle qui suit la tonique est facultative. L'auteur ne paraît pas suivre à cet égard d'autre règle que la commodité du vers. La même remarque peut, du reste, être faite à propos de la plupart des poëmes provençaux [1]. Le cas le moins fréquent est, comme partout, celui où l'élision n'a pas lieu. En voici quelques exemples :

```
169 E Daurel vieula    e mena alegrier.
289 Lo ric duc Boves   sezia [2] en .j. banc.
323 La richa dona      de la cramba on fo.
450 Et ac saunenta     la cara el costat.
554 L'escoisendec      lo ventre els costatz.
```

Il n'y a, en somme, rien de notable dans la versification de *Daurel et Beton*. La langue, au contraire, présente des particularités très dignes d'attention. Nous allons les étudier.

LANGUE DE L'AUTEUR. — Ce qui caractérise la langue de l'auteur, c'est l'emploi assez fréquent, principalement dans les rimes, de formes non méridionales dont nous aurons à rendre compte. Nous allons passer en revue ces formes, selon l'ordre alphabétique des rimes.

---

1. Voy. pour le poëme de la croisade albigeoise pp. xcvij et cx de mon édition ; pour *Flamenca*, pp. xxxvj et xxxvij ; le Débat d'Izarn et de Sicart de Figueiras, vv. 27, 83, 113, 179, 199, etc.
2. Au contraire, v. 1939, l'*a* final du même mot est élidé :

E quan cill vengro Guis secia al manjar.

Rime *an, en*.— La tirade IX contient 38 vers qui se répartissent assez exactement entre la finale *an* et la finale *en*. Dans la tirade LI, 12 vers sont en *an* et 15 en *en*, du moins selon l'étymologie et sans tenir compte de la graphie du copiste [1]. Il y a, d'autre part, six tirades en *en* et en *ens* où ne paraît aucune rime en *an* : ces six tirades prouvent que l'auteur distinguait dans sa prononciation *en* d'*an*, ce qui d'ailleurs n'a pas besoin d'être démontré, si nous admettons qu'il était méridional. Comment donc expliquer le mélange qu'offrent les tirades IX et LI ? On gagnerait peu de chose, dans le cas actuel, à supposer que *Daurel et Beton* a été traduit d'un poëme français qui offrait le mélange des deux rimes *an* et *en*, car on aurait alors à expliquer la présence des tirades en *en* pur. La difficulté réside dans l'existence, à divers endroits du poëme, de deux faits phonétiques contradictoires : l'assimilation d'*an* et d'*en* et la distinction de ces deux sons. L'explication la plus naturelle et qui, on va le voir, s'applique à d'autres cas, est que l'auteur, se trouvant un peu à court de rimes en *an* [2], a suivi l'exemple que lui donnaient de nombreuses chansons de geste françaises [3] en puisant librement dans le choix abon-

1. Il y a de plus une rime, évidemment fautive, en *ar* (v. 2122).
2. Elles sont beaucoup plus rares en provençal qu'en français où elles s'augmentent des participes présents de toutes les conjugaisons. Il y a, dans la seconde partie du poëme de la croisade albigeoise, deux tirades en *ans* contre huit en *ens*; dans le poëme de la Guerre de Navarre, deux tirades en *an* (8 et 84) et deux en *ans* (63, 79) contre quatre en *en* (26, 44, 72, 91) et six en *ens* (33, 55, 58, 86, 97, 104).
3. J'en ai donné une liste dans mon mémoire sur *an* et *en* toni-

dant des mots terminés par *en*. Ce fut, de sa part, une licence très forte, mais qui, contenue dans des limites restreintes, n'est pas sans exemple. Ainsi on trouve en rime *valhans,* mot purement français, au lieu de *valens*, dans la chanson de la Croisade, v. 6121, et dans la *Guerre de Navarre,* v. 2785.

Rime *ar*. — Il y a onze laisses en *ar* pur : III *b* (vv. 78-111), VIII, XII, XVI, XXIII, XXV, XXVII, XXXIII, XXXVII, XLII, XLVII. Les finales des vers qui composent ces laisses ne riment qu'en provençal : transposées en français, elles seraient les unes en *er,* les autres en *ier,* parfois elles demeureraient en *ar* (par exemple, *gar* 1062, *liar* 1988), partant, plus de rime. Dans les premières de ces laisses, on observe des finales en *ier,* ainsi la laisse III *b* est tout entière en *ier,* parce que le copiste l'a reliée à la laisse précédente, mais toutes les finales, sans exception, passent à *ar* en provençal [1]. Dans la laisse VIII, nous trouvons *aselier* 229, *parlier* 230, puis les vers 238-62, qui se terminent par *fier, desondrier, amier, lievier, anuier,* etc. Mais on n'a qu'à ramener tous ces infinitifs à la terminaison *ar,* pour que les rimes deviennent uniformes d'un bout à l'autre de la tirade. Même observation pour les cas semblables qu'offrent les laisses XVI et XXIII; cette dernière laisse n'a déjà plus qu'un seul cas, le premier vers de la laisse. Com-

---

ques, *Mémoires de la Société de linguistique de Paris,* I (1870), 261.

[1]. Je viens d'indiquer le commencement de cette tirade au v. 78; mais elle commencerait d'une façon plus naturelle au v. 75. La finale du vers 76, *.ij. melia cavalier,* se laisse aisément ramener à *.ij. melia al cavaljar*.

ment le copiste a-t-il pu être conduit à introduire, sans aucune nécessité, ces formes en *ier*? C'est probablement parce qu'il les rencontrait en d'autres laisses où la rime oblige de les admettre ; en tout cas, il est certain que la rime était originairement en *ar*.

Rime *ier*. — Nous allons rencontrer ici des rimes qui, examinées incomplètement, ont donné à croire que le poëme était traduit du français [1]. Nous verrons toutefois que ces rimes, étudiées de près, conduisent à une toute autre conclusion. Il faut remarquer tout d'abord que notre poëme contient une laisse en *ier* parfaitement pur, la XXIXe, dont les finales riment également bien en provençal et en français. La laisse XXXIX serait dans le même cas, sans *chiers* 1571, qui doit être en provençal *cars*. Mais les laisses III *a* [2], VI, XXXV, LII présentent des rimes en *ier* qu'on peut appeler impures, car, à côté de mots qui, en français comme en provençal, se terminent en *ier*, on y voit beaucoup de mots, notamment des infinitifs de la première conjugaison, dont la terminaison régulière est en français *er*, en provençal *ar*. Ces rimes, toutes égales en apparence, se répartissent donc en trois classes : 1° *ier* prov. et fr. ; cette finale est

---

1. « Le *Roman de Betonnet* est exactement dans le cas du *Fie-« rabras* provençal. C'est une œuvre calquée, évidemment calquée « sur un roman français. On y trouve des rimes en *ier* qui sont tout « aussi scandaleuses : Voici *trenquier, trabuquier, blasmier, donier,* « *escapier*, etc., etc. Voici *deroquier* quelques vers après *deroquar*, « etc., etc. Ces rimes en *ier* sont vraiment terribles : elles sont tou-« jours là pour dénoncer ces sortes de fraudes. » L. Gautier, *Les Épopées françaises*, 2e éd., I, 133-4.

2. Vers 55 à 74 ou 77.

III. — LANGUE DE L'AUTEUR　　XXXIX

fournie principalement par le suffixe latin -arium;
2° *ar* prov., *er* fr., c'est l'*a* tonique latin non précédé
d'un son mouillé ; 3ᵉ *ar* prov., *ier* fr., c'est l'*a* tonique latin précédé d'un son mouillé. Je me borne au
dépouillement des laisses III et VI :

1°	2°	3°
trotier 56,	*retornier* 55,	*tarzier* 57,
volontier 59, 68,	*parlier* 58, 63, 72,	*cortegier* 73,
olivier 60,	*abrasier* 70,	*bayzier* 150,
lauzengier 61, 154,	*alier* 75,	*baier* 167,
messagier 62,	*clier* 141, 156,	*preguier* 163
mestier 64, 67,	*esgardier* 143,	*quier* 164
escudier 65,	*apelier* 145,	
destrier 66, 170,	*donier* 148, 151,	
plenier 69, 152,	*refuser* 149,	
compagnier 71, 162,	*ajustier* 153,	
cavalier 76,	*portier* 157,	
er 74.	*amier* 166,	
bavier 139,	*desamper* 172.	
Olivier 140,		
alegrier 142, 169,		
rozier 144,		
Augier 146,		
molher 157, 168, 173,		
desturbier 155 ;		
entier 161,		
cossilier 165.		

Quiconque sait le vieux français et le provençal reconnaît à première vue que tous les mots de la première colonne sont en *ier*, tant en fr. qu'en prov.[1];
ceux de la seconde en *ar* en prov. et en *er* en fr.;

---

[1]. *Er* (ecrit) 74, qui du reste est douteux, étant le résultat d'une correction, rime en fr. en *ie*, aussi bien qu'en *è*.

ceux de la troisième en *ar* en prov. et en *ier* en fr. Nous avons, en somme, pour le prov. *ar* (colonnes II et III), et *ier* (col. I); pour le français *er* (col. II) et *ier* (col I et III). Comment expliquer ce mélange? Faut-il admettre qu'il y a en France un pays où toutes ces finales se confondaient en un son unique? Je crois, en effet, que ce pays existe réellement, on le verra tout à l'heure. Mais je dois, dès maintenant, faire remarquer que cette circonstance ne fournit pas à elle seule une explication suffisante. Ici, comme pour les rimes en *an* et *en* examinées précédemment, il s'agit d'expliquer la coexistence de deux faits contradictoires. Notre poëme a des tirades en *ar* pur et en *ier* pur. Ces tirades sont assez nombreuses et assez longues (surtout celles en *ar*) pour que la réunion des mots qui en forment les rimes ne puisse être le produit du hasard. Si donc, dans les tirades III *b*, VIII, XII, etc., il n'y a pas un mot qui puisse en provençal être terminé en *ier*, si dans la tirade XXIX il n'y a pas un mot qui puisse être terminé en *ar*, c'est que l'auteur l'a voulu ainsi. S'il l'a voulu, c'est qu'il était d'un pays où, pour ces finales *ar* et *ier*, on suivait l'usage général de la langue d'oc. Si, en d'autres cas, il n'a pas hésité à mélanger les finales qu'il savait pourtant distinguer quand il le voulait, c'est qu'il connaissait plus ou moins exactement un usage autre que celui de la langue d'oc, et qu'il a jugé à propos de suivre cet usage là où il y trouvait une facilité plus grande pour faire ses rimes [1]. En d'autres termes, il s'est

---

[1]. Une autre explication, que je ne propose que pour la rejeter

permis fréquemment une très forte licence. Il n'est pas le seul : Raimon Vidal relève chez des troubadours distingués bien des manquements à la grammaire qui n'ont pas d'autre excuse que la mesure ou la rime, notamment l'emploi de *mantenir, retenir,* mots à finales françaises, au lieu de *mantener, retener* [1]. Le comte de Poitiers, qui composait aux environs de l'an 1100, fait entrer l'infinitif *gabier* (fr. *gaber*, prov. *gabar*) dans des rimes en *ier* [2]. Dans une pièce du troubadour Peirol, qui était d'Auvergne, on voit rimer *lausengier* avec *plorer,* qui est pour *plorar* [3].

Dans les poëmes de longue haleine, on tolérait les licences plus encore que dans la poésie lyrique, et, s'il est un genre où des rimes plutôt françaises que provençales soient excusables, c'est le genre épique, auquel appartient *Beton*. Il est de toute évidence que l'auteur de notre poëme était nourri de la lecture des chansons de geste françaises ; il n'est donc pas surprenant qu'il leur ait, avec plus ou moins de succès, emprunté quelques rimes. D'ailleurs, la licence qui consiste à faire rimer des finales qui, en bon provençal, seraient les unes en *ar,* les autres en *ier,* ne lui est pas particulière. Nous la trouvons d'abord, pour

---

aussitôt, consisterait à regarder les laisses à rimes impures comme interpolées. Mais ces tirades étant répandues par tout le poëme, et d'ailleurs étant aussi nécessaires au sens que d'autres, cette explication n'est pas admissible.

1. Edition Stengel, p. 87.
2. Dans la pièce *Ben voil que sapchon li pluzor.*
3. *Camjat ai mon consirier,* dans Mahn, *Werke d. Troubadours,* II, 13.

prendre les textes dans un ordre autant que possible chronologique, dans le précieux fragment d'Aigar et Maurin publié par M. Scheler [1], où il y a une laisse en *er*, la vingt-quatrième, dont les rimes se laissent, comme celles que nous examinions tout à l'heure, répartir en trois catégories : 1º prov. et fr. *ier*, 2º prov. *ar*, fr. *er* ; 3º prov. *ar*, fr. *ier*. La plus grande partie de ces rimes appartient à la première catégorie et il suffira d'en citer quelques-unes, *graver, mariner, verger, Garner, dreiturer,* qui seraient en français comme en provençal *gravier, vergier, Garnier, dreiturier.* Les mots de la seconde catégorie sont *osteler* 897, *escoter* 905, *gaber* 707, *Cler* 916 *(Clar* 1176 [2]), *presenter* 920 ; *mer* 926, *disner* 941, *jogler* 943, tous français sous cette forme, au moins quant à la terminaison, et qui deviennent provençaux si on substitue *ar* à *er*. La troisième catégorie est représentée par *manger* 925, *cer* 933, qui seraient en prov. *manjar* et *car*, en fr. *mangier* et *chier*. Cela n'empêche pas que le même fragment offre quatre laisses en *ar* pur (XI, XIII, XX, XXXIV), et deux, sinon en *er*, du moins, ce qui revient pour nous au même, en *ers* pur (XXXII, XXXVIII). *Aigar et Maurin* se permet donc exactement la même licence que *Beton*.

Je mentionne pour mémoire la première partie du poëme de la croisade contre les Albigeois. L'auteur de ce morceau, Guillem de Tudèle, non seulement

---

[1]. *Le Bibliophile belge*, 1877, p. 89-151.

[2]. Et *Claire* vv. 1249, 1300 ; ces variantes montrent que l'auteur était, en ce qui concerne les rimes, ami d'une certaine liberté.

mélange dans les rimes en *er* ou *ier* les trois types que nous étudions, mais il y joint encore les finales où *e* correspond à un *e* long du latin (prov. *e* fermé, fr. *ei* ou *oi*); voy. les laisses XIV, XXXIX, LXX, CXVII, CXXIII). Je n'insiste pas parce que la langue de Guillem de Tudèle, par le grand nombre et la gravité de ses irrégularités, offre un caractère tout à fait exceptionnel.

Le poëme de la guerre de Navarre, composé par Guillem Anelier de Toulouse vers 1280, renferme plusieurs rimes en *ier* (ordinairement écrit *er*). Dans ces tirades, se lisent en rime les infinitifs *baisser* 1161, *penser* 1676, (prov. *baissar, pensar,* fr. *baissier, penser*), et le subst. *bachalers* 3653 (prov. *bacalars,* fr. *bachelers*).

Bien autrement nombreux sont les faits du même genre que nous présente le *Ferabras* provençal. Nous les examinons en dernier lieu, parce que le texte où ils se rencontrent est dans des conditions particulières. Ce n'est pas une composition originale : c'est, comme on sait, la traduction d'un poëme français dont nous possédons plusieurs mss. C'est surtout en se fondant sur le mélange des rimes en *ar* et en *ier* que les éditeurs du poëme français [1] ont cherché à établir que le texte provençal n'était qu'une traduction, thèse absolument

---

1. *Fierabras*, chanson de geste, publiée pour la première fois d'après les mss. de Paris, de Rome et de Londres, par MM. Krœber et Servois. Paris, 1860 (Recueil des anciens poëtes de la France). Je dois dire que toute la discussion sur l'originalité du poëme français par rapport au texte provençal, est l'œuvre exclusive de M. Guessard, le directeur du recueil.

vraie, mais qui cependant ne peut pas s'appuyer exclusivement sur ce mélange, car, d'une part, nous venons de constater le même fait dans des poëmes incontestablement composés dans le Midi, et, d'autre part, plusieurs des rimes en *ier* qu'on rencontre, soit dans les poëmes ci-dessus examinés, soit dans le *Ferabras*, sont inadmissibles en français et ne peuvent, par conséquent, servir à prouver l'origine française du texte où on les trouve [1]. Je laisserai de côté les premières laisses, sur lesquelles porte principalement la discussion des éditeurs, parce que, sauf quelques vers, ces laisses ne se trouvent pas dans le français. Prenons, de préférence, la laisse en *ier* qui occupe dans le texte provençal les vers 1719-37 et dans le texte français les vers 1586-1609. Cette laisse est, en français, entièrement en *ier*. Elle se compose d'infinitifs de la première conjugaison *(laissier, bautisier, prisier*, etc.), de substantifs *(Olivier, acier, mestier, quartier, mostier);* enfin, il s'y trouve deux participes : *fiancié* (v. 1589) et *plaié* (v. 1593) [2]. Ces participes étaient la pierre d'achoppement. Les substantifs en *ier* étaient aussi bien provençaux que français : ils ne pouvaient causer aucun embarras; les infinitifs auraient dû, régulièrement, recevoir la finale *ar*, ce qui

---

[1]. Il faut dire qu'en 1860, date de la publication du *Fierabras* français, on ne savait pas encore distinguer les finales françaises *é* et *ié*. On n'avait pas remarqué qu'elles ne rimaient pas ensemble, et les cas où *i* se produit au-devant d'*e* n'avaient pas été déterminés comme ils l'ont été depuis.

[2]. Il est rare que *Fierabras* admette *ié* dans les rimes en *ier*, cependant il y en a quelques exemples outre ces deux-ci.

eût détruit la rime, mais, comme dans *Aigar et Maurin,* dans *Beton,* dans la Guerre de Navarre, on pouvait, à la rigueur, les admettre à la rime sous leur forme française, et si cette licence était permise dans des compositions originales, à plus forte raison pouvait-elle être excusée par le désir de s'éloigner le moins possible du texte original. Le participe passé masculin de la première conjugaison est toujours en *at*. Les textes du midi qui admettent l'infinitif en *er* ou *ier* n'admettent pas le participe en *et* ou *iet* [1]. Je constate le fait sans chercher à l'expliquer [2]. Par suite, ces deux vers (1589 et 1593) :

> Et si m'as tu juré, plevi, et *fiancié*...
> Encore ne te voi je ne navré ne *plaié*.

ont été ainsi remaniés dans le texte provençal afin de substituer un infinitif au participe (vv. 1722, 1725) :

> E si m'as fayt jurar, plevir e *fiancier*...
> Encaras ieu not vey ni plagar ni *nafrier*.

---

1. Je ne tiens pas compte, bien entendu, de Guillem de Tudèle, qui offre de longues séries de participes en *etz*, aux laisses XLI et CX.

2. En Dauphiné aussi (mais ce n'est, sans doute, qu'une coïncidence fortuite) les infinitifs de la première conjugaison sont en *ier* lorsque la terminaison est précédée d'un *i* semi-voyelle ou d'une consonne palatale (sinon la terminaison est *ar*), tandis que le participe passé est toujours *at*. — On peut dire qu'il n'y avait guère d'utilité à changer les terminaisons *at*, *atz* des participes passés de la première conjugaison en *et*, *etz*, ces dernières rimes étant assez peu fréquentes.

Ce dernier mot *nafrier* (fr. *navrer*), qu'il eût été si facile de remplacer à la rime par *plaier*, en écrivant *ne nafrar ne plaier*, nous montre que le traducteur provençal n'avait aucune idée de la distinction qu'on faisait en français des mots en *er* et de ceux en *ier*. Dans la même tirade, les fins de vers *durier* 1728, *demorier* 1734, qui s'écartent de la leçon française, conduisent à la même conclusion. L'examen des autres laisses en *ier* [1] ne nous apprendrait rien de nouveau. Il est suffisamment établi que le traducteur provençal de *Fierabras*, comme les auteurs de *Belon*, d'*Aigar et Maurin*, et même, dans une moindre mesure, celui de la *Guerre de Navarre*, n'hésitaient pas, lorsque la rime le demandait, à donner à tous les infinitifs de la première conjugaison la terminaison *ier*, sans tenir aucun compte de la distinction faite en français entre *er* et *ier*.

Il me paraît difficile d'expliquer par un caprice individuel un fait ainsi constaté dans des textes d'origine fort diverse. Il faut, ce me semble, que cette substitution d'*ier* à *ar* ait son point de départ dans un usage local qui se sera étendu hors de ses limites primitives par suite des facilités qu'il offrait à la versification. Il s'agirait maintenant de déterminer, si faire se peut, la contrée d'où cet usage est originaire. Si nous cherchons un pays où les finales *ier* et *er*, confondues en un même son, aient été employées concurremment avec la finale *ar*, pour l'infinitif de la première conju-

---

[1]. Voy. notamment celle qui occupe les vers 3598-3644 du provençal et cf. le texte français, p. 126-8.

gaison, je crois bien que nous chercherons en vain; mais il suffit, à mon avis, de trouver un pays où *ier* et *er* se confondent et qui, en même temps, soit voisin de la région où les infinitifs sont en *ar*. Ce pays, c'est le Poitou, l'Angoumois, la Saintonge. Là, il est bien connu que la distinction entre *ier* et *er*, telle que nous la trouvons dans le reste des pays de langue d'oui, n'est pas observée. Les infinitifs de la première conjugaison, que la terminaison soit ou non précédée d'un son mouillé, les finales correspondant au latin a r i u s, sont, dans cette région, uniformes. Cette finale uniforme est ordinairement marquée par *er*, non par *ier* comme dans *Beton*, mais cela n'a pas d'importance; ce qui importe, c'est l'uniformité du son et non la manière dont ce son uniforme est noté. D'ailleurs, nous avons vu plus haut qu'entre les textes cités, les uns (*Aigar et Maurin*, Guillem Anelier) adoptent *er*, tandis que les autres préfèrent *ier*. Une pièce de Richard Cœur-de-Lion, qui, vraisemblablement, composait dans le dialecte du Poitou, vient à l'appui du témoignage des chartes; c'est la pièce *Dalfin ieus voill deresnier* [1], où on voit *demander* et *lever* rimer avec *deresnier, guerrier, aidier, denier, soudadier, comencier*.

Rimes *at, atz*. — Il y a peu de chose à dire sur ces rimes qui sont parfaitement provençales. Quoique *at* et *atz* soient bien distincts, néanmoins on remarque un petit nombre de finales en *at* égarées parmi celles en *atz*, vv. 590, 608, 803, 955, 980, 1243 1251,

1. *Parnasse occitanien*, p. 13.

1263, 1271, 1550. Il est difficile de savoir si dans de tels cas l'auteur sacrifiait la rime à la grammaire ou la grammaire à la rime; un fait — s'il n'est pas le résultat d'une faute du manuscrit — qui tendrait à prouver que l'auteur se souciait médiocrement de la correction grammaticale, est l'emploi d'un adjectif masculin avec un substantif féminin, *brocas.... pauzatz* 1715 [1] — *Bras* (brachium) 783, 807, 1016, 1198, prend régulièrement place dans les rimes en *atz* [2]. *Baiar*, v. 638, est trop exceptionnel pour n'être pas fautif.

Rimes *en, ens*. — Dans l'unique tirade en *ens* figure *laïns*, 1395, 1413; le même mot paraît également en rime dans une tirade en *en*, 1112, ce qui constitue une double irrégularité On le trouve aussi dans le poëme de la croisade albigeoise, vv. 4928, 6522, 8670 [3]; cf. *dedens* dans le poëme de la guerre de Navarre, v. 2527. Bien que constatée dans des textes variés, l'admission de *ins* parmi les rimes en *ens* est un fait exceptionnel. Le *Trésor* de Pierre de Corbiac, qui se compose de 840 vers tous en *ens*, n'en offre pas d'exemple. Est-ce une simple licence poétique ou un fait dialectal qui a pu s'étendre hors de ses limites géographiques primitives? Je pose la question sans être en état de la résoudre. A première vue, on ne voit pas bien pourquoi l'*i* d'i n t u s (*ins*) a été

---

1. Voici le vers : *Ab .iiij. brocas d'aur que i so pauzatz*; mais il y a dans le ms. *fo* et non *so*, et on pourrait, en conservant *fo*, faire accorder *pauzatz* avec *aur*.

2. *Chanson de la croisade*, vv. 5765, 8194.

3. Ecrit *laintz* au v. 6522, et *laens* dans les deux autres cas.

traité autrement que l'*i* d'i n d e (*en*). Cette distinction n'existe pas en français (*en* et *ens*); elle peut n'avoir pas été générale dans le sud de la France.

Rime *o*. — Cette rime admet des mots qui ne se terminent pas en *o* pur : *Aspremont* 10, *hom* 12, puis les futurs plutôt français que provençaux *farom* 26, *casarom* 318, *conquero* (pour *conquerom*) 321, *rendro* (pour *rendrom*) 741. Faut-il induire que le poëme, ou du moins les parties où se rencontrent ces formes, était originairement en français? Je ne le crois pas, à cause de l'*o* des vers 319, 740. J'aime mieux croire qu'il y a là une licence expliquée par l'habitude que l'auteur avait des chansons de geste françaises.

Dès qu'il est avéré que l'auteur a fait entrer dans son œuvre beaucoup de rimes françaises, on ne sera point étonné qu'il ait admis accidentellement, ailleurs qu'à la rime, des formes de même origine. De ce nombre sont *causea* 314 (fr. *chauciée*), *espeia, espeiga, espezas*, 543, 1325, 1710, etc., *daimas* 496 (fr. *dames*) *maroniers* 914, *ruas* 1995, *sire*, diversement écrit, 12, 140, 262, 292, etc.

Tels sont les faits principaux que révèle l'examen de la langue du poëme. Ils se résument en somme dans l'emploi mal dirigé de formes françaises. Ces formes nous les trouvons principalement à la rime. C'est là en effet que l'auteur devait surtout les employer, puisque son travail de rimeur était d'autant plus aisé qu'il avait un plus grand choix de finales à sa disposition. Mais on a vu que parfois aussi il en faisait usage en des endroits où les formes provençales correspondantes convenaient aussi bien au vers. Je mets toutes ces formes au compte de l'auteur : le copiste était du Midi, et, bien loin d'introduire des formes étrangères, il a dû plutôt en supprimer. Il est très simple en apparence d'expliquer cette grande proportion de français, en supposant que l'auteur du poëme était français et que nous avons dans le ms. Didot une sorte de traduction plus ou moins exacte de l'œuvre originale. Mais j'ai fait voir que l'emploi des formes françaises est ici tel qu'il ne peut émaner d'un auteur français. J'aurais pu ajouter, si ce supplément de preuve avait été nécessaire, qu'il y a des tirades dont l'origine uniquement et exclusivement provençale est hors de doute, par exemple celles en *os* (XI) et en *es* (XX, XLIV), lesquelles n'ont et ne peuvent pas avoir d'analogues dans le *Ferabras* qui, lui, est bien traduit du français. Il résulte donc avec évidence de l'ensemble des faits constatés que l'auteur de *Beton,* tout en faisant occasionnellement usage de formes que l'on considère comme caractéristiques de la langue d'oïl, était originaire des pays de langue d'oc. C'était un jongleur méridional qui avait lu beaucoup de poëmes français, qui vraisemblablement exerçait à l'occasion son industrie dans les pays français. De quelle partie du Midi était-il originaire? Je ne saurais le dire : le peu de variété des rimes et les libertés qu'il se donne sont cause qu'il est impossible de démêler dans sa langue des traits ayant un caractère local bien marqué. Mais en résumé nous pouvons admettre que *Daurel et Beton* nous est parvenu à peu près tel qu'il a été composé, abstraction faite des modifications causées par la mise en alexandrins du début, et des passages que l'inattention et l'impéritie des copistes ont défigurés; que, par conséquent, c'est une chanson de geste méridionale.

De quelle importance est *Daurel et Beton* dans la question si souvent débattue, et ordinairement si mal posée, de l'existence d'une épopée provençale ? Si je ne me trompe, ce poëme vient confirmer les idées que j'ai plus d'une fois émises sur ce sujet. Ce que j'ai toujours soutenu, c'est l'indépendance absolue de l'épopée française, dans toutes ses parties, à l'égard des compositions épiques du midi. Jusqu'ici rien n'est venu infirmer l'opinion très décisive que j'exprimais dès 1866 [1]. Mais en même temps j'ai admis qu'il n'y avait aucune raison de nier que le midi de la France eût possédé, comme le nord, bien qu'en nombre infiniment moindre, des chansons de geste [2]. De ces chansons, les unes peuvent être fondées sur des traditions locales, comme *Girart de Roussillon,* comme *Aigar et Maurin,* qui, à vrai dire, ne sont pas proprement méridionales, mais appartiennent à une zone intermédiaire entre la littérature du nord et celle du midi, comme aussi le roman de Tersin ou de la prise d'Arles [3]; les autres peuvent être un simple reflet de l'épopée française, et à cette catégorie appartient évidemment *Daurel et Beton.*

1. *Recherches sur l'épopée française,* dans la *Bibliothèque de l'Ecole des Chartes,* 6ᵉ série, III, 46 et suiv.
2. *Romania,* I, 67-8; VII, 454-5.
3. Voy. *Romania,* I, 51-68 et II, 379-80.

IV

LANGUE DU COPISTE

Je terminerai par un certain nombre d'observations sur la langue, plus particulièrement sur la graphie, du copiste. Je ne noterai que les faits offrant quelque singularité ou un caractère local. Entre ces faits, il en est sans doute plusieurs qui remontent à l'auteur et qui, si on en avait la certitude, devraient prendre place au chapitre précédent. L'important est qu'ils soient signalés. Il ne s'agit ici que du copiste de *Beton*, le reste du ms. étant, comme on le verra dans la notice qui fait suite à cette introduction, de mains différentes. La graphie de *Beton* est loin d'être bien réglée. Le copiste a, sans doute, conservé beaucoup des formes du ms., d'après lequel il a exécuté sa transcription ; il est probable, d'autre part, que, pour son compte, il ne se faisait aucunement scrupule d'écrire le même mot de plusieurs façons différentes. Il est, par suite, fort difficile de déterminer quel était son pays.

Voyelles. — *O* tonique est diphthongué à peu près aussi souvent qu'il peut l'être : *loc* 617, 772, mais *luoc* 1836, *fuoc* 609, 643, 981. *Uo* est, en ce cas, ordinaire en Provence, où il cède peu à peu la place à *ue* à partir du xive siècle. On le trouve aussi dans le Bas-Languedoc et dans les Cévennes, tandis que, dans le centre et l'ouest des pays de langue d'*oc*, l'*o* suivi de *c* reste généralement pur. — Suivi de *l, o* ton. se conserve intact à peu près pendant tout le moyen âge; *dol* (formé sur *doler*, fr. *deuil*) 557, 560, *vol* (*volet) 356; — *ue* apparaît dans *uebre* (operit) 1722, *puesc* (ind. prés. de *poder*) 231, 285, *puec* 1026, 1034, *puesca* 307, 1649; aussi dans des cas où la diphthongaison est causée par la présence d'une mouillure après la tonique : *uelh* (oculum), voir le glossaire pour les renvois, *tuelha* (*toliat) 659, *vuelh* (*voleo) 262, 350, qui se réduit facilement à *vulh* 214, 232, *fuelha* 428, *pueh* (podium) 681, *pueja* 877, 1275. Cette modification de l'*o* bref latin est ordinaire en Provence et dans le Bas-Languedoc depuis le xiiie siècle.

E avant la tonique devient *a* dans *sarcar* 1294, — ce qui n'empêche pas qu'on a *sercas* 237, — *rastanquier* 1378. On sait que ce fait est très ordinaire en catalan [1] et en ladin. Il ne l'est pas moins, actuellement, dans la région des Alpes [2]. Au moyen âge, ce phénomène me paraît être resté sporadique, ce qu'il était déjà en latin ancien [3]. L'exemple le plus connu est *marce* (mercedem) dans le poëme de Boëce 76, dans la coutume de Chenerailles (Creuse) et dans celle de Saint-Vallier (Drôme). Il y a aussi dans le poëme de Boëce *rascundre* 177, qui offre le même cas que notre *rastanquier*.

---

1. Mussafia, *Sept Sages*, préface, § 1.

2. Voir dans Chabrand et Rochas d'Aiglun, *Patois du Queyras*, les mots *haretage, aratori, armito, jarrar*, etc.

3. Voy. Brachet, dans les *Mémoires de la Soc. de linguistique de Paris*, I, 419.

Ei se substitue à la forme ordinaire et plus proche de l'étymologie, *ai*, dans *lei* (là) 45, 90, 658, dans *gueiamen* 79; c'est *iei* dans les futurs première pers. du sing., *diriei* 1001, *ferriei* 1620, *issiriey* 960, *sabriei* 1437. J'ai signalé ailleurs [1] les mêmes formes dans des chartes de l'arrondissement de Gaillac ; je les ai retrouvées depuis dans des chartes du Tarn-et-Garonne et des environs de Toulouse.

Voici un fait moins commun que les précédents : *ai,* quelle qu'en soit l'origine, devient facilement *au*, et *ei* devient *eu* : habeo devient *ai* 84, 119, et *au* 165; de même *alaita* 706, mais *alautatz* 1242 et *aleutatz* 1017, *bauzo* (basiant) 28, *bauza* 725, *bauzan* 729, *cautieu* (captivum [2]) 990, *messautge* (missaticum) 59 [3], *peureiras* (petrarias) 1391, *Peuticus* 135, 585, 1044, *veuret* (videre habetis) 1331 [4], *cobeutavatz* 406, *voluntieuramen* 1857. Je ne connais pas ailleurs d'exemple du même fait.

Consonnes. — *D* entre deux voyelles tombe parfois, comme cela a lieu régulièrement dans le nord des pays de langue d'oc ; ici cet effacement du *d* semble avoir lieu surtout après *i*, ainsi : *escria* 139, *fias* 302, *rien* 184. Mais ailleurs on observe soit la mutation, générale dans le centre de la langue d'oc, en *z*, *rizen*

---

1. *La chanson de la croisade contre les Albigeois*, I, cxiij.
2. S'il n'y avait que cet exemple, il serait légitime de supposer le *p* passant directement à *a*.
3. On a *messaiges* 63, *parayge* 12.
4. Mais *veires* 1322.

176, *Azemar* 99, 1157, etc, *azirar* 244, 533, *adzaut* 1610, soit la conservation du *d*, *adesmar* 368.

V tombe devant *u* dans *uelhas* (*voleas) 57, *ulhas* 82. On trouve de même chez des troubadours provençaux *ostre* pour *vostre* [1]. Par contre, *v* vient s'ajouter à *u* dans *vuelh, vuelhs* (oculum) 987, 1095, 1266, ce qui a été aussi remarqué en Provence [2]. *V* initial devient quelquefois *b;* la distinction entre le *v* et le *b* n'est pas toujours facile à faire dans l'écriture de notre ms. ; mais, dans les cas douteux, j'ai choisi *v*, de façon à restreindre plutôt qu'à exagérer le nombre des cas de *b* pour *v;* citons *bay* et *benga* 1093, *ban* 1608 [3]. Actuellement *b* s'est substitué à *v* par tout un vaste territoire limité à l'est et au nord par une ligne qui partant d'Agde, irait, à travers l'Aveyron, rejoindre la Dordogne dans le Lot et suivrait cette rivière jusqu'à son embouchure; mais, au moyen âge, on ne constate guère ce fait qu'en Béarn et en Gascogne. Les documents anciens de Toulouse, de Carcassonne, de Narbonne, de Béziers, d'Agde, tous lieux où maintenant *b* prend régulièrement la place du *v* latin soit initial, soit venant à la suite d'une consonne, ont *v* et non *b*. Mais cela ne veut pas dire qu'on prononçât comme on écrivait. Il est probable que le son *b* existait dès lors, moins distinct peut-être que de nos jours, les copistes préférant toutefois s'en tenir à

---

1. Voy. mes *Derniers Troubadours de la Provence*, p. 22.
2. *Ibid.*, p. 20.
3. Je n'ose pas citer le pronon neutre *ba* pour *va*, 1437, parce qu'on le trouve même en des lieux où la mutation de *v* en *b* n'a pas lieu; voy. Chabaneau, *Romania*, IV, 340.

l'orthographe latine. Le copiste de notre ms. se souciait assez peu de cette orthographe; sa graphie est en somme phonétique, quoique bien irrégulière. L'emploi accidentel qu'il fait du *b* au lieu du *v*, nous fournit un indice géographique : il appartenait à la région où nous voyons maintenant *b* se substituer au *v*.

S est fréquemment remplacée par *c : ce* 98, *cela* 66, *cerem* 579, *cieu* 706, *cira* 302, *ici* 1542. L'inverse a lieu également : *merses* 711, *sieutatz* 424, et les pronoms *sist* 207, *silh* 212. Le copiste ne distinguait donc pas le son d's d'avec celui de *c* spirant. — S entre deux voyelles se renforce en *sz* dans *deszeretamant* 2129, *desziral* 2031, *mezsisses* 1482, *nos, vos* qui, suivis d'un mot commençant par une voyelle, deviennent *nosz, vosz,* 1098, 1549, 1767, 1781, cf. *ieusz* (= *ieu vos*) o 1462. — S ou *z*, entre deux voyelles, quelle qu'en soit l'origine, passe à *r* dans *Aremyer* (ailleurs *Azemar*) 93, *creras* 328, *raro* 317, *venaro* 315. On sait que ce phénomène se rencontre sporadiquement en Languedoc, en Roussillon, en Limousin, du xive au xve siècle[1]. — S, suivie d'une autre consonne, tombe dans *aqueta* 398, *set* 559, *seta* 89, *depolhar* 1431. Des exemples du même fait ont été relevés dans *Flamenca* (préface, p. xxxij) et dans *Guillaume de la Barre* (p. 35 de ma notice).

Nous avons maintenant à étudier le sort du groupe latin *ts*, sujet ici fort compliqué qui ne se peut traiter brièvement. *Ts*, précédé d'une voyelle tonique (partici-

---

1. Voy. *Romania*, IV, 184-94, 464-70; V, 488-90; VI, 261-6; *Giornale di Filologia romanza*, II, 205-6.

pes passés en atus, itus, 2ᵉ pers. plur. atis, etis) donne régulièrement *tz*, qui souvent s'affaiblit en *s*, mais en outre, notre copiste a une tendance marquée à réduire *ts* à *t*. Pour donner plus de clarté à mon exposé, je traiterai de cette finale d'abord dans les participes passés, puis dans les deuxièmes personnes du pluriel des verbes.

Participes passés. — Le *z* du sujet singulier est souvent omis, ce qui peut être un fait purement phonétique, en accord avec la tendance signalée plus haut, ce qui peut aussi s'expliquer par la désuétude où étaient tombées, à l'époque où notre ms. fut exécuté, les formes spéciales au cas sujet. Mais on constate aussi qu'au cas régime du pluriel ce *z* est parfois omis. Cette omission, étant contraire à la tendance générale de la langue, ne peut s'expliquer que par la tendance particulière du copiste ou par un singulier manque de soin de sa part. Cette seconde hypothèse n'est pas tout à fait invraisemblable, étant donné le copiste à qui nous avons affaire, et c'est pourquoi j'ai dans tous ces cas rétabli le *z* entre crochets; toutefois, la première hypothèse me semble actuellement plus probable. Voici les cas que j'ai notés de la suppression du *z* au cas régime du pluriel : *det* 325, *tot* 1278, 1793, *fairit* 1299, 1331, *escut* 1317, 1623, 1759, *trial* 1387, *brizaut* 1441, 1455, *mart* 1465, 1509, *enfantonet* 1584, *asatiat* 1901, *forsat* 1964. — Si le copiste ne prononçait pas le *z* final, il faut s'attendre à le voir introduire ce *z* hors de propos, ce qui arrive en effet dans *cortz* 75, 89, 114, *datz* 54, 170, *bliautz* 112, *maritz* 134, *Esmenjartz* 173, 290, *mortz* 187, 391, 405, *panatz* 714, *Betonetz*

1010, *partz* 1035, *noiritz* 1522, *ostz* 1735, etc. Le copiste savait en gros qu'il y avait des cas où *z* devait prendre place à la fin des mots, mais ni sa prononciation ni ses connaissances grammaticales ne suffisaient à le guider. C'est à la même cause qu'il y a lieu d'attribuer l'addition intempestive du *z* aux adverbes *motz* (multum) 47, 84, *fortz* 236, *quantz* 1481, *tostz* 1603.

Deuxièmes personnes du pluriel. — Le ms. nous offre ici trois finales : 1° *atz, etz;* 2° *as, es;* 3° *at, et*. La seconde forme, simple affaiblissement de la première, est constatée dès la première moitié du xiiie siècle [1]. Elle se trouve ici deux fois en rime : *fares* 712, *veires* 1795, et très fréquemment dans le cours du vers; ainsi, dans les 500 premiers vers : *amas* 164, *anas* 50, *aujas* 308, *colgas* 234, *creras* 328, *cumergas* 428, *digas* 51, *donas* 22, *escotas* 2, *fassas* 397, *gardas* 95, *levas* 140, *parlas* 429, *plas* 2, *puscas* 237, *sercas* 237, *tengas* 164, *tragas* 396, *trobas* 471, *veiras* 153, *viras* 494, *volhas, vuelhas,* 239, 269, *volias* 408; — *aures* 188, *auses* 235, *aves* 54, 64, *deves* 94, *dises* 305, *es* 413, *perdones* 439, *podes* 123, *prendes* 147, *prezes* 387, *sabes* 119, *sabres* 120, 260, *tenes* 101, *tornes* 121, *venes* 376, *voles* 258, *volres* 25 [2]. — La troisième forme, *at et*, est dans *Beton* très fréquente : indicatif présent, *celat* 1002, *desco-*

---

[1]. Voy. Bartsch, *Prov. Leseb.*, note sur 100, 11.

[2]. Ces formes appartiennent à des modes et à des temps divers, mais cela n'importe pas. Notons seulement que *s* pour *tz* se rencontre uniquement dans les verbes, à l'exclusion des substantifs et participes.

nortat 996, *desleialat* 1257, *donat* 1225, *et* (estis) 12, 13, *lonhat* 1182, *parlat* 959, *pasat* 848, *presentat* 1231; — *podet* 211, 1304. — Impératif, *dat* 911, *digat* 1220, *escoltat* 1212, 1267, *gardat* 1030, 1194, 1435, *jurat* 17, *laysat* 912, *menat* 1193, *ostat* 828, *pregat* 186, *sarrat* 960; — *aprendet* 1414, *entendet* 2, *prendet* 1057, *vinet* 847, 1330. — Imparfait de l'indicatif, *erat* 1024, *voliat* 1027. — Futur, *poiret* 848, *seret* 16, 44, 398, etc., *veuret* 1331, — Subjonctif présent, *fassat* 1019, 1227, *irascat* 1258, *rendat* 957, *vegat* 961, *volhat* 941. — Conditionnel, *auzirat* 492, *virat* 1316. — Par une erreur semblable à celle que nous avons constatée tout à l'heure dans les noms, on voit le *z* prendre place où il n'a rien à faire, à la 3ᵉ personne du singulier : présent de l'indicatif, *trametz* 42, 2080, *partz* 1560; prétérit, *detz* 1430, *laissetz* 1923, *poietz* 1811; présent du subjonctif, *gartz* 2160.

Il s'agirait maintenant de délimiter la région où s'observe la tendance à laisser perdre le *z* à la 2ᵉ personne du pluriel. Mais, avec les éléments dont nous disposons jusqu'à ce jour, cette recherche ne peut aboutir, parce que les textes datés de lieu, qui seuls peuvent nous renseigner, sont, en général, des chartes, des coutumes, des compoids, qui ne contiennent guère de verbes à la 2ᵉ personne du pluriel. Cependant nous possédons quelques textes limousins fort anciens où figurent ces secondes personnes du pluriel. Le plus important de ces textes est le fragment de la traduction du quatrième évangile (chap. XIII-XVII) [1]. Dans

---

1. Bartsch, *Chrest. prov.*, 4ᵉ éd., col. 10-18; le chap. XIII, soi-

ce fragment, la terminaison qui nous occupe est tantôt *az, ez*, tantôt *al, et*, le second cas étant de beaucoup le plus fréquent ¹. Dans le patois du Limousin et dans celui de la Marche, les secondes personnes du pluriel ont perdu non seulement le *z* mais encore le *t* ².

R. — *Tr* se réduit souvent à *t, destier* 346, 477, *ente* 438, *nost'* 268, *voste* 52, 257, *vostes* 541. On voit que cette réduction ne se produit que dans des cas où le groupe *tr* est précédé d'une consonn. Je ne connais pas d'exemple aussi ancien de ce fait. — *Ers* se réduit à *es*, dans *saumies* 568, *somies* 539, *volonties* 53. Le même fait est très fréquent depuis le xive siècle dans tout le midi. — *R*, groupée avec une consonne, se déplace facilement pour passer à la syllabe précédente; *tradier* (pour *tardier*) 106, *cramba* 323, *crambas* 1246 (pour *cambra -as*), *prejurs* (pour *perjurs*) 1398. *L* s'est déplacée de la même façon dans *flodres* 641, pour *foldres*. — *R* est remplacée par *l* dans *molra* (pour *morra*) 138; l'*n* subit le même changement dans *colsel* (consilium) 673, 675; cf. *folrier, golfaynos*, dans *Ferabras* 214, 468.

L passe à *r* dans *brizaut* 1426 (*blizaudo* 1815),

---

gneusement revu sur le ms., dans mon *Recueil d'anciens textes*, partie provençale, n° 2.

1. Voir pour des exemples de ce second cas, XIII, 13, 15, 17, 25, 33; XIV, 1, 3, 13, 15, 19, 20, 24; XV, 4, 7, 8, 9, 10, 14, 16, 18, 19; XVI, 4, 12, 16, 17, 19, 20, 22, 23.

2. Pour le Limousin, voy. les paradigmes donnés par M. Chabaneau dans la Grammaire limousine, et par M. Ruben dans son édition des poésies de Foucaud, p. LXXXI et suiv.; pour le marchois, voy. A. Thomas, *Archives des Missions*, 3e série, V, 440.

forme qui se rencontre dans *Guillaume de la Barre,* et dans *artre* (alterum) 1754, forme qui existe encore dans la haute Auvergne. — *L* appuyée sur un *i* tonique long amène le développement en *ie* ou en *ia* de cet *i ;* ainsi *gentiels, gentiel,* 258, 357, *viala* 196. Ce fait, déjà signalé par Diez dans la troisième édition de la *Grammaire des langues romanes* [1], se manifeste par tout le Languedoc, le Rouergue, l'Auvergne, le Quercy. La mutation en *ie* est surtout habituelle dans le bas Languedoc [2]; *ia* domine dans les parties plus au nord [3].

Notons le passage d'*n* en *i* semi-voyelle dans *goifano* 221, pour *gonfano,* et dans *meih* 1896, pour *mens.*

L'*h* est placé au commencement de certains mots sans raison apparente : *ha* (habet) 67, *hil* (illi) 1300, *ho* (hoc) 83, 120, *hun* 10, *huna* 1. Le même usage s'observe, plus fréquemment encore, dans *Guillaume de la Barre,* voy. ma notice de ce poëme, p. 35.

Avant de terminer ces observations sur la phonétique du ms. de *Beton,* je dois signaler encore l'emploi véritablement abusif que le scribe fait du *g*. Ce signe peut exprimer trois prononciations entre lesquelles il est souvent malaisé de distinguer celle que le copiste a

---

1. I, 389, note; trad., I, 362.

2. Par ex. à Béziers; voy. la chronique de Mascaro et le ms. Bibl. nat. fr. 25415, décrit dans le Bulletin de la Société des anciens textes, 1875.

3. Voy. mon introduction à la chanson de la Croisade albigeoise, p. cxj. Pour le même fait existant actuellement dans le patois de la Marche, voy. A. Thomas, *Arch. des Missions,* 3ᵉ série, V, 446.

voulu noter. Il représente, en effet : 1º le son guttural, ce qui est son emploi habituel et n'a, par conséquent, pas besoin de preuve; 2º le son du français *j*, par ex. dans *vegatz*, *vegat* (videatis) 961, 1727, 1787, dans *augatz* (audiatis) 1927, dans *ragar* (radiare) 922, *ragatz* 989, dans *segorna* 161, l'*i* (c'est-à-dire *j)* étant employé à la même fin, dans *veia* 610, *veiatz* 1039, *soiornatz* 946. Cet emploi abusif du *g*, qui n'est pas propre au ms. de *Beton*[1], est noté et blâmé par les *Leys d'amors*, I, 32 ; 3º le son du français *y* dans .*espeiga* (épée) 1710, ailleurs *espeia* 1325, 1886, 1920, *speia* 1356, 1950, où il est impossible qu'on ait prononcé *espeja*. Le scribe connaît l'*y*, mais n'en fait usage qu'à la fin des mots, *ay* 92, 119, *guidaray*, *metray* 24, *amdoy* 29, *rey* 42, 50, ou avant une consonne : *mayzo* 16, *laysier* 92, *poyra* 102. Les faits étant tels, je n'oserais décider entre le son *j* et le son *g* dans *mangatz* 446, *mangar* 664, 900, 1940, cf. *manjar* 1939, dans *vengar* 1937, etc., non plus qu'entre le son *y* et le son *j* dans *aia* 673, *aiam* 338, 339, *aiatz* 628, 975, et *aga* 881, *agatz* 612, 752, dans *baiar* (basiare) 638, *baia* 326, *baiatz* 594 et *baga* 1191 [2].

Je ne retiendrai qu'un petit nombre des faits relatifs à la flexion. Je ne saurais dire s'ils doivent être attri-

---

1. J'ai signalé dans les *Derniers troubadours de la Provence* (p. 21) *envega* pour *enveja*; voy. dans le même ouvrage, p. 62, v. 36, *ga* pour *ja*.

2. Le son *j* se présente dans ce mot dans les Hautes-Alpes et généralement en Dauphiné, mais je doute qu'il ait été répandu (si toutefois il existait) au moyen âge; voy. sur *gleja* ou *gleia* qui présente le même cas, Diez, *Gram. des langues romanes*, trad., I, 222, note.

bués plutôt au copiste qu'à l'auteur. De ces faits, le premier est l'emploi des prétérits en *ec* qui dans *Beton* sont usités concurremment avec la forme en *et*, et même un peu plus souvent : *apelec* 2149, *atendec* 1967, *comensec* 384, *dec* 2098, *demandec* 1833, *donec* 275, 1652, *entendec* 124, *escoisendec* 554, *estec* 1246, *saludec* 40 [1], *trobec* 61. A l'origine, et à s'en tenir strictement à l'étymologie, la forme en *ec* est limitée à un très petit nombre de verbes où le latin offre une terminaison en e v i qui devient e v u i en latin vulgaire : c r e v i t = *crec;* mais cette forme ne tarda pas à se substituer à *et* en divers pays. Déterminer, pour le moyen âge seul, sans descendre jusqu'aux patois, l'usage de l'une et de l'autre forme selon les temps et les lieux, exigerait toute une dissertation. Je me bornerai à dire d'une façon générale que la forme en *ec* ne paraît avoir été usuelle au XIIIe et au XIVe siècle que dans l'Albigeois, le Toulousain, le pays de Foix. Je citerai, entre autres textes, des actes passés à Montauban en 1208 [2], à Albi en 1220 [3], l'*Elucidari* composé pour Gaston II de Foix [4], le Nouveau Testament de Lyon, où *ec* est constant ; *Guillaume de la Barre,* les *Leys d'amors* [5], le récit de la prise de

---

1. J'ai imprimé par erreur *saludet.*

2. D. Vaissète, nouv. éd., VIII, n° 143, *aporteg, deissendec, pauzec,* etc.

3. *Musée des arch. dép.,* n° 64, p. 112, *mandec.*

4. Voy. Bartsch, *Denkmæler,* p. 57 et suiv., *portec, englozec, semblec,* etc.

5. Voy. II, 296, 298, 380, *comandec, mandec, parlec, manjec, endurec, enganec, comprec, dec.*

Damiette, où les prétérits en *ec* et ceux en *et* sont entremêlés [1].

Signalons encore les premières personnes du pluriel du futur en *am* : *pagaram* 775, *trobaram* 1295.

Les troisièmes personnes du pluriel offrent, en certains textes, des formes assez caractéristiques pour servir à déterminer le pays d'origine de ces textes [2]. Tel n'est pas le cas pour *Beton*. Ces formes sont en *o* ou *on*, la finale étymologique *an* n'étant que rarement conservée, ainsi *bauzan* 729, *auzan* 1359. Ce qui est à noter, c'est l'absence de ces finales en *en* qui appartiennent à l'ouest et au sud des pays de langue d'oc (Pyrénées, Béarn, Gascogne, Périgord, Limousin).

Si maintenant, entre tous les faits ci-dessus relevés, nous reprenons ceux qu'il est possible de rattacher à une région déterminée, nous obtiendrons les résultats suivants :

1º L'emploi de *b* pour *v* indique la partie occidentale de la langue d'oc, selon les limites sommairement indiquées p. lv. Je tiens que cette notation, si inu-

---

1. Je cite par lignes, d'après l'édition que j'ai publiée en 1877 dans la *Bibliothèque de l'Ecole des Chartes* : *acordec* 326, *apropihec* 556, *comandec* 584, *contec* 183, *gitec* 160, 168, *portec* 232, *respondec* 4, *tornec* 151, *venguec* 58 ; — *ajornet* 592, *anet* 9, *cudet* 264, *donet* 275, *duret* 327, *encontret* 263, 557, *escapet* 262, *enviet* 561, 590, *forsenet* 602, *laysset* 14, 54, 602, *levet* 274, *ponhet* 182, *rendet* 655, *trobet* 633. Il est curieux qu'aucun verbe ne figure sur les deux listes.

2. Voyez mon mémoire sur les troisièmes personnes du pluriel en provençal, *Romania*, IX, 192-215.

sitée au moyen âge en dehors de la Gascogne, du Béarn, de la Bigorre, appartient au copiste de notre ms. et non à un copiste antérieur. Peu de copistes, en dehors de ces pays, ont été assez peu soucieux des traditions orthographiques pour s'être permis l'emploi purement phonétique du *b*.

2° L'absence de troisièmes personnes du pluriel en *en* (p. lxiv), l'absence encore de bien d'autres faits de divers genres, exclut la possibilité de rattacher notre copiste à la région pyrénéenne, à la Gascogne, au Périgord, au Limousin. A la vérité, la chute fréquente du z dans le groupe *tz* est un fait constaté en Limousin (p. lix), mais cela ne veut pas dire qu'il ne puisse pas être rencontré ailleurs [1].

La région indiquée dans la première de ces deux observations se trouve extrêmement réduite par la seconde observation : elle se limite à peu près aux départements du Lot, de Tarn-et-Garonne, de la Haute-Garonne (partie septentrionale), de l'Aude, du Tarn, de l'Hérault (partie occidentale). Si maintenant nous considérons comme appartenant à notre copiste les prétérits en *ec* (p. lxiij) et la modification de *ai* en *ei* ou *iei* (p. liv), la région que nous cherchons à délimiter se réduira à peu près au nord de la Haute-Garonne et au Tarn. C'est à ce point qu'il est prudent de s'arrêter.

[1]. Voir ci-après, p. lxxviij.

V

CONCLUSION

On a vu par ce qui précède qu'il est souvent difficile, parfois impossible, de distinguer, dans la langue irrégulière et inconstante du ms., ce qui appartient à l'auteur et ce qui est propre au copiste. Dans ces conditions, j'ai cru prudent de m'abstenir de toute correction portant sur la forme des mots : les seules que j'aie, soit introduites dans le texte, soit proposées en note, selon leur degré de probabilité, sont celles qu'exigeaient le sens ou la mesure. Elles ne laissent pas d'être nombreuses, tant est grande la négligence avec laquelle a été exécutée notre unique copie de *Beton*. En quelques cas seulement, je me suis permis de modifier légèrement la graphie du ms. Ainsi, dans certaines tirades, j'ai indiqué, par des ( ) la suppression, par des [ ] l'addition du z, que le copiste emploie, on l'a vu plus haut, d'une façon fort arbitraire. Ces corrections n'ont pas d'autre but que de faire mieux ressortir la régularité originelle des rimes. Du reste, dans tous les cas où la leçon du ms. n'est pas conservée dans le texte, elle est exactement indiquée dans une note.

J'ai dû aussi songer à rendre cette édition utile à ceux même qui n'ont du provençal qu'une connaissance superficielle et à qui manquent les livres nécessaires à l'intelligence de cette langue. A défaut d'une traduction, qui aurait occupé trop de place, j'ai donné du poème une analyse très développée. Le glossaire est assez complet pour dispenser le lecteur de recourir au *Lexique roman* de Raynouard. Pour faciliter les recherches, les diverses formes des mots ont été enregistrées à leur ordre alphabétique avec renvoi à l'article principal. Le relevé des formes de la conjugaison a été fait avec un soin particulier. Rien n'a été négligé pour que le présent ouvrage, la première publication provençale de la Société des anciens textes, donnât satisfaction à ceux qui savent et à ceux qui apprennent.

APPENDICE

DESCRIPTION DU MS. DIDOT

Le manuscrit d'après lequel est publié *Beton* est un livre en papier in-4°, dont les feuillets ont 205 millimètres de hauteur sur 140 de largeur ; les feuillets 14 à 17 (lxxxx à lxxxxiij de l'ancienne pagination) sont seuls en parchemin. Dans son état actuel, il se compose de 112 feuillets, mais il est mutilé au commencement et à la fin, et a quelques lacunes à l'intérieur. On a vu dans les pages précédentes que *Beton,* le dernier des ouvrages contenus dans le ms., était incomplet, et qu'il n'était guère possible d'évaluer l'étendue de ce qui manque de ce côté. Mais, pour le commencement, nous savons, par une ancienne pagination à l'encre rouge, que le livre a perdu ses soixante-douze premiers feuillets. Cette pagination, qui paraît contemporaine du ms., ou de bien peu postérieure, commence, en effet, au fol. lxxiij et se poursuit jusqu'au fol. cliiij. Manquent en outre les ff. lxxxiiij à lxxxvij, xcviij, xcix, cxij et cxiij. La pagination a sauté un feuillet, entre les ff. lxxxxiij et lxxxxiiij. Le dernier feuillet numéroté est l'avant-dernier de la *Passion.* Celle-ci finit au recto du fol. 76 du ms., tel qu'il se présente actuellement, et au verso commence *Beton*. Les cahiers sont de composition très variée. Il y en a qui se composent d'un seul feuillet double, d'autres de deux, de quatre, de six, et les deux derniers en ont huit ; le cahier par lequel le ms. se termine dans son état actuel a perdu son dernier feuillet simple.

Le ms. est de mains diverses qui toutes paraissent appartenir au milieu du xive siècle. Au bas du feuillet 5 de la pagination actuelle (ancien lxxvij) se lit la date 1345. Comme un nouveau cahier commence au fol. lxxix, il est assuré que lorsque cette date a été mise, le ms. se composait, à tout le moins, de soixante-dix-huit feuillets. Il n'est pas facile de distinguer les mains qui ont concouru à l'exécution du livre, car parfois l'écriture change, devient plus grosse, plus négligée, sans qu'on puisse assurer que la main ait changé en même temps. Voici, désignées par des lettres grecques, les mains que je crois pouvoir distinguer.

α. Les articles I et II, ff. lxxiij à lxxviij, moins les dernières lignes de l'art. II. Les deux pièces que je range sous le n° II, écrites dans le sens opposé au reste, c'est-à-dire le ms. étant placé sens dessus dessous, ont dû être ajoutées après coup sur deux pages laissées blanches, et, par suite, on pourrait supposer qu'une nouvelle main est intervenue ; cependant il me semble bien que l'écriture est la même que celle du n° I, à part toutefois les dernières lignes, comme on va le voir.

β. La fin de l'article II, y compris la note où se nomme le possesseur du livre : « *Iste liber est Arnadi* (sic) *Glibi* (Guilaberti ?) *de Togete et de las Portas et de Anxe* (voir plus loin, p. xc). » La même main a écrit les articles III et V jusqu'au fol. lxxxiij inclusivement et très probablement l'article IV, malgré une petite différence dans l'aspect qui, sans doute, doit être attribuée à ce que l'écriture de cet article est plus serrée.

γ. Le recto du fol. lxxxviij (art. VI) avant lequel il manque quatre feuillets.

δ. La fin de la pièce VI (verso du fol. lxxxviij et fol. lxxxix).

ε. La partie de la pièce VII, qui est écrite sur parchemin.

ζ. La fin de la pièce VII (recto du fol. non compris dans l'ancienne pagination, actuellement 18).

η. Le n° VIII (le mystère) jusqu'au fol. cxx inclusivement, et du fol. cxxvij jusqu'au bas du fol. cxxxiij recto. L'écriture ressemble à celle désignée ci-dessus par δ; c'est peut-être la même.

θ. Le recto du fol. cxxi; les ff. cxlv verso et suivants jusqu'à la fin du mystère semble identique à ζ.

ι. Les ff. cxxi, depuis les deux derniers vers du recto de ce feuillet, jusqu'à cxxvj. Très vraisemblablement la même main que ζ.

κ. Du fol. cxxxiij verso au milieu du fol. cxxxvj recto, moins le haut du fol. cxxxiiij verso; le bas du fol. cxxxvij recto et le verso.

λ. Les cinq premiers vers du fol. cxxxiiij verso, le bas du fol. cxxxvj recto, le verso de ce même feuillet et le recto presque entier du suivant, les ff. cxxxviij à cxlv recto, 6e vers. Le *p* et le *c* sont, dans cette écriture, très caractéristiques.

μ. *Daurel et Beton*, qui est tout d'une main, sauf les vers 314-29 qui commencent un cahier.

En somme, le ms. serait de douze mains différentes (sans compter celle qui a écrit les vers 314 à 329 de *Beton*), ou de 10 seulement, en admettant l'identification proposée de δ et d'η et celle de ζ et de θ. Il est, à première vue, assez peu vraisemblable que tant de personnes aient collaboré à ce ms., et je ne serais pas surpris si telle et telle écriture, qui m'ont paru différentes, devaient, en réalité, être attribuées à une seule main. Ce qui pourtant diminue l'invraisemblance de la supposition, c'est que plusieurs de ces mains sont trop inhabiles pour être celles d'écrivains de profession. Le ms. semble être l'œuvre de copistes amateurs.

En supposant le ms. formé par des accroissements successifs, ce qui paraît très probable, aucune de ses parties ne peut être de beaucoup postérieure à la date de 1345 signalée plus haut. Nous avons vu que cette date y a été inscrite par un certain Arnaut Guilabert (le surnom est douteux) *de Togete*, qui en a lui-même écrit plusieurs pages; il s'agit probablement de Touget, dans l'arrondissement de Lombez, et les formes de la langue s'accordent bien avec cette provenance. Mais le livre ne doit pas être resté longtemps dans le pays où il avait été exécuté. Au haut du fol. cxxiiij, on lit une note ainsi conçue : *L'an miel cater cccc* (sic) *e caranta e dos, lo permier gont*[1] *d'abriel, que foro Pascas, cumengeron ..xxvj. preconas a S. Peire d'Aryfat.* Arifat est une commune du Tarn, arrondissement de Castres, canton de Montredon. Je conjecture que notre ms. a dû y être porté peu d'années après 1345, époque où Arnaut de Touget en possédait au moins les soixante-dix-huit premiers feuillets. Je suis porté à croire qu'à ce moment le ms. s'arrêtait au mystère de la Passion, que c'est à Arifat ou dans la région environnante qu'on y aura ajouté *Beton*. Ce poème, en effet, n'offre pas du tout les caractères du gascon qui sont si sensibles dans le reste du ms. Me fondant uniquement sur la graphie du copiste de *Beton*, j'ai tenté d'établir, ci-dessus p. lxv, que ce copiste devait être de la région qui correspond à peu près au nord de la Haute-Garonne et au Tarn. La présence constatée de notre ms. à Arifat, en 1442, vient à l'appui de mon opinion.

Le ms. fut porté à Paris, il y a quelques années, par

---

[1]. La lecture n'est pas très sûre, mais pour le sens c'est *jorn*.

M. l'abbé Rouquette, prêtre du diocèse de Rodez. Il fut montré à M. L. Gautier, qui décida M. Ambroise-Firmin Didot a en faire l'acquisition [1]. Il eût été intéressant de savoir où et comment M. l'abbé Rouquette en était devenu possesseur. Consulté à ce sujet, cet ecclésiastique s'est refusé à fournir aucun éclaircissement.

I

DÉBAT DE LA VIERGE ET DE LA CROIX

Ce débat est incomplet du commencement : il est toutefois aisé, par ce qui reste, de s'en former une idée suffisante. La Vierge reproche à la croix sa cruauté envers le Sauveur. Celle-ci se défend et fait valoir d'ingénieux arguments. Elle a agi comme doit faire un loyal serviteur à l'égard de son seigneur. Jésus voulait mourir pour racheter le genre humain : elle s'est conformée à sa volonté ; elle a servi d'instrument à la rédemption ; elle n'avait ni le droit ni le pouvoir de résister à la volonté divine. Enfin, elle explique allégoriquement les souffrances de Jésus, cherchant à montrer que chacune d'elles était nécessaire, et de la sorte le débat devient un petit traité théologique de la passion.

L'auteur se désigne au v. 217 comme étant « un pauvre fils de saint François. » Il adresse son débat, sa *tenso*, à sa sœur. D'après le v. 214 il s'agit d'une sœur selon la chair, non d'une sœur en religion. Dès lors il semble, de prime abord, assez naturel d'identifier ce franciscain avec Matfre Ermengaut de Béziers qui, lui aussi, était frère mineur

---

1. M. L. Gautier a signalé, pour la première fois, le ms., insistant principalement sur le mystère de la Passion, dans le *Monde* du 14 avril 1876.

et qui, par une coïncidence notable, a adressé une de ses pièces « à sa chère sœur [1] ». Mais je ne reconnais dans notre débat ni le style ni la versification du poète biterrois. Ainsi, dans le débat, la finale en *ia* ou *ie* des imparfaits et des conditionnels ne fait qu'une syllabe [2], ce qui est tout à fait contraire à l'usage de Matfre. J'ajoute que Matfre a eu l'occasion de traiter de la signification allégorique des souffrances de la passion, et qu'il l'a fait en adoptant des explications très différentes de celles que nous trouvons dans notre débat [3].

Un autre franciscain nous a laissé une litanie provençale disposée en strophes [4] : il ne peut, pas plus que Matfre, être identifié avec l'auteur du débat.

Il n'y a guère à douter que le débat de Marie et de la croix ait été un sujet plus d'une fois traité au moyen âge, soit en latin, soit en langue vulgaire. Il est même possible que notre poésie soit l'imitation de quelque pièce latine. Quoiqu'il en soit, j'avoue que mes recherches à l'effet de trouver des compositions analogues à celle dont le texte suit ont été peu fructueuses. Les regrets de la Vierge au pied de la croix abondent, mais l'idée d'un dialogue dans lequel la croix se défend des accusations portées contre elle est certainement beaucoup plus rare. J'ai toutefois trouvé dans le ms. latin 673, de la Bibliothèque nationale, au verso du dernier feuillet, une pièce rhythmique qui n'est pas sans analogie pour le fonds avec notre débat. L'écriture lui assigne une date qui ne peut être plus récente que le commencement du xiiie siècle, et c'est aussi l'époque où elle a dû être composée. Elle est anonyme dans le ms. qui nous l'a conservée, mais un témoignage du chroniqueur Salimbene, que j'ai cité autre-

---

1. Bartsch, *Denkmæler der provenzalischen Literatur*, p. 81. — 2. Vers 2, 4, 21, 28, 37, 49, 75, 80, 81, 82, 83, etc. Le vers 7, peut-être corrompu, fournit un exemple contraire. — 3. Voy. *Breviari d'amor*, vv. 23739-23984. — 4. Publiée dans la *Revue de Marseille et de Provence*, en 1874, par M. Lieutaud : voy. *Romania*, IV, 510.

fois ¹, nous apprend qu'elle est du chancelier de l'église de Paris, Philippe de Grève, mort en 1236. L'intérêt que cette poésie tire du nom de son auteur, et le rapport qu'elle offre avec le sujet de notre débat, m'engagent à la publier :

Lamentatio beate Marie ad crucem ².

Crux, de te volo conqueri :
Quid est quod in te reperi
Fructum non tibi debitum ?
Fructus quem virgo peperi
Non debet Ade veteri ³
Fructum gustanti vetitum ;
Intacti fructus uteri
Tuus non debet fieri,
9 Culpe non habens meritum.

Cur pendet qui non meruit ?
Quid quod te non abhorruit
Cum sis reis patibulum ?
Cur solvit que⁴ non rapuit ?
Cur ei qui non nocuit
Es penale piaculum ?
Ei qui vitam tribuit,
Mortique nichil debuit
18 Mortis propinas poculum ?

Te reorum flagitiis,
Te culparum suppliciis
Ordinavit justicia :
Cur ergo justum impiis,
Cur virtutem cum viciis
Sociavit nequicia ?
Redditur pena premiis,
Offensa beneficiis,
27 Honori contumelia.

1. *Archives des Missions*, 2ᵉ série, III, 256, (tiré à part de mes Rapports au ministre, p. 10); *Romania*, I 196. Salimbene cite le premier vers de chacune des deux parties de la pièce : *Crux de te volo conqueri* et *Virgo tibi respondeo*. — 2. Je coupe en trois vers ce qui, dans le ms., ne forme qu'une ligne. — 3. Ce vers ne paraît pas donner un sens clair; peut-être faut-il corriger *non* en *nil*? — 4. Corr. *qui*?

Reis in te pendentibus,
Homicidis, latronibus,
Inflicta est maledictio;
Justo pleno virtutibus,
Ornato carismatibus,
Debetur benedictio; ·
Ergo quid ad te pertinet?
Cur vita mortem sustinet?
36   Habitus fit privatio.

Responsio Crucis ad beatam Virginem.

Virgo, tibi respondeo,
Tibi cui totum debeo
Meorum decus palmitum:
De tuo flore fulgeo,
De tuo fructu gaudeo,
Redditura depositum.
Dulce pondus sustineo,
Dulcem fructum possideo
45   Mundo, non tibi, genitum.

Christus mortem non meruit;
Quid, si mori disposuit
Ut morte mortem tolleret?
Ligno lignum opposuit
Et solvit quod non rapuit
Ut debitores liberet.
In Adam vita corruit
Quam secundus restituit,
54   Ut vita mortem superet.

Ulmus [1] uvam non peperit:
Quid tamen viti deperit
Quod ulmus uvam sustinet?
Fructum tuum non genui,
Sed oblatum non respui
Ut culpam pena terminet.
A te mortalem habui,
Inmortalem restitui
63   Ut mors in vitam germinet.

1. En marge est écrit *comparatio*.

> Tu vitis, uva filius;
> Quid uve competentius
> Quam torcular quo premitur?
> Cur pressura fit purius
> Nisi quia jocundius
> Vinum sincerum bibitur?
> Quid uva passa (*l.* pressa) dulcius?
> Quid Christo passo gratius
> 72   In cujus morte vivitur?
>
> Multi se justos simulant :
> Filium a te postulant
> Et ad me non respiciunt;
> Sed postquam michi creditus
> Et apud me depositus,
> Extra me non inveniunt :
> Querant in meo stipite,
> Sug(g)ant de meo palmite
> 81   Fructum tuum quem siciunt.
>
> Respondeas ypocritis :
> Filium meum queritis
> Quem cruci dudum credidi :
> Jam non pendet ad ubera;
> Pendet in cruce, vulnera
> Corporis monstrat lividi.
> Eum in cruce querite,
> Guttas cruentas bibite,
> 98   Emulatores perfidi !

L'auteur de notre *tenso* paraît avoir observé assez bien les règles de la déclinaison. La rime exige, conformément à ces règles, *aiatz-ostatz* 25-6, *pacios-escusatios* 59-60, *latz-nafratz* 137-8, *mortz-tortz* 143-4, *eu-Juzeu* 145-6. Par contre, le cas regime *seyor* est employé en rime au lieu du cas sujet, au v. 43, et la grammaire exigerait, à l'encontre de la rime, *coronatz-pausat* aux vers 159-60, le ms. portant, conformément à l'usage vulgaire, *coronat* (singulier) et *pausatz* (pluriel). — Les finales *ès* et *és* sont correctement distinguées : voy. pour *ès* 113-4, pour *és* 19-20, 61-2, 69-70, 175-6, 179-80, 211-2, 213-4. Il est difficile d'expliquer la rime *mostresas-agoses* 93-4, c'est-à-dire, le second mot étant dépouillé de sa forme béarnaise, *mostrèssas- aguéssas* [1].

Dans la graphie du copiste on peut noter les faits suivants qui, pour la plupart, peuvent être constatés dans les textes du Sud-Ouest :

a posttonique, non-seulement précédé d'*i* mais en tout cas, s'affaiblit en *e* : *ere* 12, *hore vencude* 36, *enquàre* 51, *semble* 61, *descauside* 66, etc. ; *volie* 2, *deurie* 4, *filhe* 12, *plazie* 14, etc. Cf. *Romania*, V, 368.

e antétonique devient *a* dans *aligir* 53, *tastimoni* 187 ; cf. ci-dessus p. liij.

u formant diphthongue avec *e* ou *i* est remplacé par *y* dans *lieyrar* 39, *bieys* (lat. v i v u s) 143, *viy* (v i v u m) 45, *peys* 52 (pour *peus* ou *per los*). Il pourrait y avoir là un fait de prononciation et non pas seulement de graphie, car ailleurs *y* est employé avec sa valeur ordinaire. Nous avons vu l'inverse, c'est-à-dire *u* pour *i*, après un *a* voyelle, dans *Beton*, ci-dessus p. liv. Cependant *ausi* est probablement pour *aysi* au v. 39.

g est employé pour *j* dans *gors* 48 ; simple fait de graphie ; cf. ci-dessus p. lxij. Il est employé pour *y* dans *segor* 92, 184.

Le *z* du groupe *tz* tombe fréquemment, comme dans *Beton* : *aiat* 25, *vezet* 33, etc. Aussi, ai-je pu avancer ci-dessus, p. lix, que cet accident se produisait ailleurs encore qu'en Limousin.

L'*n* mouillée se réduit à la mouillure dans *seyor* 5, 19, etc. *complayet* 204. Cette réduction est habituelle dans les textes de la région Pyrénéenne. On l'a attribuée à la négligence des copistes qui auraient oublié d'écrire au-dessus de l'*y* un signe abréviatif [2]. J'aime mieux croire que si l'*n* a été omise si souvent en ce cas,

---

1. P.-ê. faut il admettre *mostressés-aguessés*, et ramener ensuite par de légères corrections les vers à leur mesure. — 2. *Romania*, III, 419 ; IV, 497.

I. — DÉBAT DE LA VIERGE ET DE LA CROIX

c'est qu'on ne la prononçait pas. — L'*i* nasalisé se réduit aussi à *i* dans *meys* 7.

Mayre est réduit à *may* 12 ; cf. *Romania*, III, 437, n° 14.

Il y a quelques exemples de *t* final non étymologique : *bent* 69, *unt* 118. *sort* (s o r o r) 215 [1]. On a déjà recueilli en des textes d'origine très diverse, bien des cas du même genre [2] *Seutz* 174, pour *seus*, montre le *t* s'ajoutant à une voyelle qui existe déjà en latin, ce qui est exceptionnel. Il serait difficile d'admettre l'intermédiaire *seuz* d'où *seutz*. En ce cat, comme au v. 64, *sayt* pour *say*, il n'y a peut-être qu'une simple erreur du copiste.

Les erreurs foisonnaient sous la plume du copiste de notre *tenso*. Les corrections que j'ai proposées en note, bien que nombreuses, ne suffisent pas à porter remède à tous les passages corrompus.

Voici maintenant le texte :

       E.....alem tot enviro (?)   *f. lxxiij* (1)
       S'a mi (?) gran rey volie venir
       A son sirvent per morir,
       Semlant que gardar deurie fort
5   Que so seyor no y presses mort,
       No pas en aysi laysar pendre;
       Al meys t'en devias fugir
8   Ans quel layses(es) en te ausir.
       Si can del cel donat mi fo
       Mi coceutz em sap trop bo,
       E (nes) no fas trop gran merevelha;
12   E ieu que ere may e filhe
       Volgui esser d'el que es payre,
       Pus quel plazie, filha et mayre,
       De pat put yeu le resebu gent,
16   E tu, [l'as ?] mort vilanement,
       Per que for deryt que any vengues

---

1. Cf. *bent, segont*, etc., dans la pièce de Fabre d'Uzès, copiée par la même main, ci-après p. lxxxvij, vv. 12, 14, 16. — 2. Voy. *Romania* VII, 107-8; VIII, 110-4.

1 En Jursalem? — 3 A [un] s. ? — 4 *Corr.* semlam. — 5 *Manque un vers.* — 10 *Corr.* Ieu coceubi ? — 15 *Cela n'a aucun sens, corr.* E pois ieu le receubi? — 17-8 any *ou* aur? *Corr.* Per que fo dreyt qu'a my v. || Et a te.

E de te, ses falha, non ges.
Can me dizes que seyor es
20 E creator de tot cant es,
Per so devies gardar plus fort
Que sobre ti no presses mort.

Respon la crotz a Marie :

Dona, salvant la vostre honor,
24 Nous deu pas creyse la dolor.
Non dit jes que fayt aiat
Per que de vos si sie ostat,
Ans dit que vol de vos partir
28 Per aquo que volie complir,
E si layset sobre me pend(e)re
Pels pecatz de las gens re(c)embre;
El fo sobre mi fayt salvayre
32 E am vos estet cum am sa mayre ;
Donc, si vos vezet tort a mi,
Ieu non o fi jes atressi.
Un temps li plat estar am vos,
36 Tro que la hore vencude fos
E[n] que devie torment sofrir
Pel poble de pecat garir.
Puys c'ausi[s] volt lieyrar a mor[t],
40 Si am mi s'en vent nob fe pas tort.
Dizetz que de mort lo sirvent
Deu gardar son seyor legalment :
Dic ieu que si volt lo seyor
44 Pels sers sufrir mort e dolor,
Si puys lo podem viy trobar
Asatz o podem sufertar.
Donc, dona, puys que siert era
48 Que apres .iij. gors resucitere,
Ieu contrastar non (o) devie jes
A tan gran be que vol fezes.
Ans enquare plus fort bos dic :   *f. lxxiiij* (2)

19-20 *La répétition d'es à la rime se retrouve encore aux vers* 211-2 — 24 *Il y a* Novs, *p.-ê.* Nobs; *cf. v.* 40. — 25 *Il faudrait* dic, *ici et v.* 27, *mais il y a plutôt* t *que* c. — 29 *et* 32 *p.-ê.* laysec, estec. — 31-2 *Intervertir ces deux vers en supprimant* E *au v.* 32 *et en corrigeant* El *en* E *au v.* 31 ? — 35 plat, *pour* plac. — 37 *C'est* devie *qu'il faut, mais on lirait plutôt* deme. — 39, 43, 52, etc., *il y a surement* volt, *comme au v.* 40 vent. — 40 nob, *sic, pour* nous, *c'est gascon.* — 50 uol *dans le ms., corr.* nol.

52 Per nos cum peys autres moric;
    Si vos vol aligir per mayre
    En me volt eser fayt salvayre;
    Vos no fezetz pont de tort a mi,
56 Ne gen nouo fi ges atressi.
    Amdoas fezem (so) que deviam far,
    Per que no¡hs cal plus contrastar.

Respont Maria a la crotz :

    Crotz, can mi sove las pacios
60 Deu meu filh car, escusat ies
    No mi semble que valha res,
    Ans meus amic que frevols es.
    Ben t'en cres en que per garir
64 La gent volt say(t) del cel venir;
    Mas per que pres. el aytal mort,
    Tan descauside ni tant fort,
    Ni per que volt estar tot nut,
68 Aysi naffrat ni offendut?
    Ben(t) pogore aver autre (mort) prese
    Plus sacrete e plus cortese;
    Dont sembla que, segon dreyture,
72 Non(t) dent esser sa mort tan dure.
    Jes tan pel sieu resucitar
    D'ayso not podes [e]scusar,
    Cant en te ben podie morir
76 Ses tan de pene sostenir.
    Regara, sinn'as ben gran tort
    Car puys quels Juzeus l'agon mort
    Li leyset lo costat traucar,
80 E si non o podies vedar
    Al mens devias mostrar savals
    Que dolh n'avies can pendre malhs.
    Si no devies la redempsio
84 Vedar, al miens la pacio,

52 nos, *corr.* vos. — 55 fezetz, *corr.* fetz. — 56 gen *ou* geu, *corr.* Ne ieu nous? — 58 nolhs, *corr.* nons. — 60 *Sic, corr.* escusatios. — 62 *Corr.* m'es avis? — 63 cres en *pour* cresem, *ou* crei eu ? — 72 dent, *corr.* deu ; *mieux vaudrait* devi', *mais le vers aurait une syllabe de trop.* — 73 tan, *corr.* tu. — 77 *Corr.* Regara[t]? — 79 *Il faut entendre* leysest. — 82 *Corr.* pendet mal? *mais la rime avec* savals *sera imparfaite; p.-é.* prendet *pour* pres. — 84 miens, *corr.* meins.

        E de la mort de ton seyor
        Degras aver calque dolor.
        La lune vent en escurtat,
88   El solhel layset sa clartat,
        Lo velh del temple si fendet,
        A redon(t) la terra tremolec;
        Tropas causas fero dolor
92   Can veront morir lo Segor :
        An[c] ieu no vi que tu mostresas
        Que de la mort dolor agoses;
        Dont te pust encare reptar
96   Car no fist so que devies far.

          Respont la crotz a Marie :

        Done, per so que vos dizet
        Vey la dolor qu'el cor avet;
        Respondray vos, si m'escotat,
100 Ayso que are mi demandatz.
        Aysi dure mort volt el pendre
        Per so que done[s] a entendre   *f. lxxv* (3)
        Que sobregran amor abie
104 Aycels que am son sanc rezemie,
        E mostret que qui mays farie
        Per luy major merit n'aurie.
        Am gran umilitat crubet
108 Hom(e) que per orgulh si perdet.
        Per so volt [el] tan paubrement
        Tot nut estar sus el turment
        Per demostrar que gran joy n'a
112 Can hom per luy paubres si fa.
        (E) el si layset la(y)s mas els pes
        Nafrar per so que demostres
        En las mas obre de perfecion,
116 Els pes sante affection.
        Los pes volt aver ajustatz,
        (E) am un(t) clavel amdos trencatz,
        Per mostrar que sol un camis
120 Es per que hom va a paradis,
        Car lie fes ere la vie

90 *Corr.* tremblec ? — 93 *Ms.* mostres as. — 94 la, *corr.* sa ? — 95 pust, *corr.* pusc. — 100 *Corr.* A so, *comme v.* 104 A cels. — 115 En las, *corr.* Els. — 121 ere *en interligne : je ne vois pas la restitution.*

I. — DÉBAT DE LA VIERGE ET DE LA CROIX lxxxiij

    Per quel mon salvar si devie,
    E per dar a (tot) hom occassio
124 Que sol en luy mete sa afeccio.
    Be sabetz que per abrasar
    Sol hom fort s'amor(t) demostrar :
    Dont per l'entendement dels bras
128 Es entendude caritat,   v°
    Car el tot lo mon abrasava,
    Per gran caritat qu'el mostrava.
    Contral cor si leyset nafrar
132 Per sabe et gran amor mostrar,
    Car pel cor enten hom amor
    Quel foc sofrir tan gran dolor.
    E sil cor es en la fenestre
136 Sa vertut par mays en la teste :
    Per ayso volt el destre latz
    Especialment eser nafrat,
    So fon can als layros trenqueron
140 Lay cuyses e [can] luy naffreron,
    Car doptava Juzeus malvat.
    Si ere de quest secgle passat,
    E en ayci e bieys e mortz
144 Volt sostenir autans et cortz :
    Reptade non dey esser (coronat
    Lay on son tutz li sanctz pausatz
    E fust volt que fos reubut
    Hom que cu)
    Mays li desconoysent Juzeu.
    Lo cap, can sa morit, bayset,
148 E per so dit eu quens mostret
    Cum si volhc esser umilment
    Entro la fin obedient ;   f. lxxvj (4)
    Mas vas nos, donc, l'enclinet
152 Per que antendre nos det
    Car pressa can de nos aviait
    Que en can hom eret morie.

---

124 *Corr.* Qu'en luy sol. — 127 *Ce vers qui termine le r°, est répété au v°.* — 132 *Corr.* Per sobregran — 134 foc *corr.* fes ? — 142 *Corr.* Si fo ? — 144 *Corr.* afans e tortz ? — 146 ms. lis anctz. — 147 sa pour se. — 145-8 *Le copiste a introduit ici, après esser, trois vers qui se retrouvent plus loin, à leur vraie place, vv.* 159-62. *Il s'en est aperçu et n'a pas achevé le dernier des vers interpolés. De plus ces vers sont marqués en marge d'une croix. Le v. 145 se terminait vraisemblablement par* eu, *rimant avec* Juzeu. — 152 *Corr.* a entendre. — 153 *Corr.* pessa tan de n. avie.

El frent espines durement
156 Coronat, no d'aur ni d'argen,
Per mostrar que diverses mals
Cove sostenir e trebalhs,
Qui vol(t) sus esser coronat
160 Lay on so tutz li sancz pausatz.
E [l] fust volt que fos reubut,
Hom que en fust ere pendut
Sa mort deu(e) esser manifeste,
164 Car sobregran ere la feste
En que tot lo mon fo salvat
E del pyeger infern gitat.
Tot cant era a si tiret
168 Can aut de terra si levet;
No gardet adont [a] dreyture,
Mas a misericordie pura.
Los sen glorios resucitar
172 Eligit per nos cosolar,
Hon mays volt sufrir de dolor
Mays mostret a sos seutz d'amor.
Si leyses cazer a tenbres,
176 Adont semblere que volges   v°
Contrastar a sa voluntat,
Car aysi o avie ordenat
De mi era qui[e] costenges
180 Tro que de tot complit ages
Lo sacrifici a Dieu le payre
[E] el fo[s] fayt nostre salvayre.
Mantes res monstreron dolor
184 Car viron morir lor segor,
Mostrerun que el ere lor Dieus
Que adonc moria, e sim fi heu,
Li portec tastimoni d'ayso
188 Car sus mi venques lo demoni.
La mort adz hom moren istec,
Resucitan vida donec.
D'autres rasos i a molhtas,
192 Mas no las poyria diyre totas
Per que volt en aysi morir
Vostre filhs ni tant mal sofrir.
Be sabet cal fo la razos

155 *Corr.* El fo [d']. — 160 *Ms.* lis ancz. — 161 reubut, *corr.* estendut ? — 171 Lo seu — 174 *Corr.* los seus ? — 175 *Corr.* leyset. — 178 *Corr.* Qu'aysi ? — 187 *Corr.* portei *ou* portan ? *Corr.* d'ayso tastimoni.

I. — DÉBAT DE LA VIERGE ET DE LA CROIX lxxxv

196 Per que pres mort e pacios.
 Ieu so per tot lo mon nomnade,
 Per amor de me vos ondrade;
 Amdoes em per luy aforades,
200 Tener nos devem per pagades,
 Mas can, done, vos mays valet,
 Juste luy coronade etz;   *f. lxxvij* (5)
 Per gran dolor qu'el cor avietz
204 De mi fort(i)ment vos complayet,
 Mas quan vos sove la dolor
 De vostre filh, gardatz la honor
 Que per luy [a]vetz recebude
208 El cel que pres de lhui etz asegude.
 Dont no vulh eu plus contrastar
 Am vos, done, ne a deu far,
 Car sabetz que ver[i]tat es
212 So que per mi dat vos es.

 Un paubre filh de sans Franses,
 Que vostre frayre carnal es,
 Sor(t), vos trames (aqu)este tenso
216 Per tal que vos dones ocassio
 Que en voste coracge tengat
 Cum volt portar nostres pecatz
 Lo filh de Dieu sobre la cr[o]tz
220 Hon ab sa carn nos cro[m]pet tos.
 Per que vos pregi, sors e frays,
 Que ayso portetz el tal bays,
 Qui aquest romans ligira,
224 Sil platz, Jhesu Christ pregara
 Que aquest que fe este tenso
 Meta lasus on li sans so. Amen.

 Finito libro sit laus et [gloria] Christo *Ament.*

Anno Domini mcccxlv. Ar^dus.

198 *Il faut sous-entendre etz, ou p.-ê. substituer ce mot à* vos. — 203 *Corr.* Pel... acsetz. — 208 *Ms. de* lhivetz; *il faudrait supprimer* que *et* etz. — 210 a deu far, *corr.* atensar? — 212 dat, *corr.* donat. — 214 *Je lis comme s'il y avait* nostre, *mais le ms. porte bien plutôt* nostre. — 216 que vos *pour* queus. — 221-2 *corr.* frayre-calvayre?

II

DEUX CHANSONS DE FABRE D'UZÈS ET DE FOLQUET DE ROMANS

Viennent ensuite deux pièces de troubadours qui ont été écrites le ms. étant tourné à l'envers. La première occupe le recto presque entier du fol. lxxviij, la seconde occupe le bas de ce même recto et s'achève au verso du fol. lxxvij.

La première de ces deux pièces est précédée de ces mots : « Lo faure d'Uzeste. » Elle a en effet pour auteur Pons Fabre d'Uzès, troubadour de la première moitié du xiiie siècle, de qui on possède en tout deux pièces. Celle que nous avons ici se rencontre dans un grand nombre de mss., à savoir :

Paris, Bibl. nat. fr. 856, f. 381
— — 12472, f. 7
— — 12474, f. 36
— — 15211, f. 80
— — 22543, pièce 439
Modène, Bibl. d'Este, pièce 297
Florence, Laurent. XLI-42, f. 38
— — XLI-43, f. 135
Rome, Bibl. Chigi L, iv, 106, pièce 132

Elle a été publiée d'après le ms. Laur. XLI-43 dans l'*Archiv für das Studium der neueren Sprachen* XXXV, 457 et d'après le ms. Chigi par M. Stengel dans l'édition qu'il a faite de ce chansonnier [1]. En outre, elle est publiée

---

[1]. *Die provenzalische Blumenlese der Chigiana*, Marburg, 1877, in-4.

d'après les mss. 22543, 12474, 856 et 15211 par Roche-
gude, *Parnasse occitanien,* p. 366, et des fragments en
ont été cités par Raynouard, *Choix,* IV, 472 ; V, 359.

La leçon de notre ms. se distingue de celles qu'of-
frent les autres mss. (ceux du moins que je connais)
par quelques particularités : voir la note du v. 35. Elle
est toutefois si corrompue qu'elle ne peut guère servir à
la constitution du texte. Je la transcris littéralement,
sauf que je m'attache au sens plus qu'à la graphie pour
la distinction des *u* et des *n;* ainsi, vers 2, où j'écris *no,* il
y a en réalité *uo,* et au vers 3 *en,* alors que je lis *eu* selon
le sens. Les corrections proposées soit en note, soit dans
le texte avec des [ ] pour marquer les additions et des ( )
pour marquer les suppressions n'ont pas d'autre but que
d'indiquer à peu près la leçon que le copiste a dû avoir
sous les yeux.

Lo faure d'Uzeste

    Lox es que hom se deu alegrar,
    [E] sitot no suy amayre
    Si bulh eu eser chantaire
4   E a lox mos saber mostrar,
    Que ey say que gran ni pauc aver
    No val saver qui savie,
    Pero aprende pot tot die
8   E creyser al plus savis lo poder.

    Casqus devem entendere en plazer
    Si gardam de vilania
    E que fasam cascut die
12 De ben(t) segon(t) [qu'es] son poder,
    Car sil vol desmesurar
    Son(t) pretz ne pot durar gayre,
    Car mesura ensenhe a fayre
16 So per que bon(t) [pretz] pot durar.

---

5 ey *pour* eu ; *cf. ci-dessus p.* lxxviij. — 6 *Corr.* qui l'avie. — 7-8 *Corr.*
d'a. cascun die || Creys.. voler. — 9 devem, *corr.* deu. — 10 *Corr.* gardan.
— 11 *Corr.* fassa cascun. — 12 son, *d'abord* souent, *dont les trois derniè-
res lettres sont rayées.* — 13 *Corr.* C. pos ques v.

Qui gran cor a de largeya[r]
Saber deu dont ho pot trayre;
No dic que hom se deyha estrayre
20 De ben, ny no tan a far,
Car gran efors es lo conquerer,
Mas lo gardar es maestrie,
E qui pert pert (sic) per sa folie
24 No sab quey ant mal trayt es [querer].

Quer ses mezure, sen ni saber
No bal, ni gran maestria,
Per ho lox es que farie
28 Dant trop gardar e retinir,
Lox que hom deu hotra pasar,
Lox de parlar.........
32 Lox de sey, lox de folie.

Qui son bon pretz bol tenir [car],
Guardes no sia f[o]ls ni guabayre,
Ni bulha dir ni retrayre
36 Tot cant sab ni fay a selar,
Car fols es qui qui ditz tot son ber,
E fols qui en fols se fiza,
(E) fols qui es fols e nos castia,
40 (Quan) e fols qui sec tot son(t) boler.

De mezure nays fin pret e boler e cortezia, ho qui ab mezura lauza Dieu e fay son plazer.

La seconde pièce se trouve, sous le nom de Folquet de Romans, dans les mss. :

Paris, Bibl. nat. 856, f. 229
— — 1749, p. 130

21 *Suppr.* Car ; *pour* efors, *corr.* afans.— 22 *Suppr.* lo *ou corr.* la garda. — 24 Quey ant, *corr.* queyn *où* qual. — 25 Quer *est une corruption de* querer *qui doit finir le vers précédent.* — 28 *Corr.* sarie. — 30 *Le copiste a omis* lox de taire | Lox de donar (*ou* de servir). — 32 *Corr.* L. de sen l. de folejar. — 34 *Supp.* Guardes. — 35 *Cette leçon semble particulière à notre ms. Il y a dans les textes que je puis consulter (mss. de Paris, Laur. XLI-43 et Chigi)* : Quar fols es qui vols retraire. — 39 *Corr.* qui falh. — 41 *Il semble que dans cette ligne de prose il y ait le reste d'une* tornada *dont les rimes auraient été* voler, cortezia, plazer. *Les autres manuscrits n'ont pas de* tornada.

Paris, Bibl. nat. 12472, f. 5
— — 22543, pièce 435
Florence, Laurent. XLI-42, f. 28
— — XC inf. 26, f. 14
— Bibl. naz. 776, pièce 18
Milan, Ambros. R. 71 sup., f. 116
Oxford, Bodleienne, Douce 269, pièce 164
Copenhague, Bibl. roy. XLVIII, fol. 107

De plus le premier couplet s'en trouve (sans nom d'auteur) sur l'un des feuillets de garde du ms. fr. 795 de la Bibliothèque nationale. Elle a été publiée d'après le ms. 22543 dans les *Gedichte der Troubadours* de Mahn, nº 1073, d'après celui de Milan dans l'*Archiv* de Herrig, XXXV, 104, d'après celui de Copenhague par M. Stengel, dans la *Zeitschrift für romanische Philologie*, I, 394. Antérieurement elle avait paru dans le t. I du *Lexique roman*, p. 488. La pièce en son entier a six couplets et un envoi; ici trois seulement, qui sont le premier, le troisième et le quatrième.

Quant ben me suy apesat,
Totz l'aus es nient mas Dieus,
C'om layse teres e fieus
4   E las autres eritatz.
Ricor del segle malvat
Non es mas trespacament,
Per que hom deu eser * temen   **f. lxxvij vº*
E leyal ses tot enguan,
9   Car cascus em biandans.

E tu, caytieu, que faras,
Que (no) conoyses mals e bes,
Si don(t)cas no ti sobes
13   Dont es bengut ni hon bas,
Ni en ta bite ben no fas?
Tu mitis t'es escarnit
Car, si s'en part l'esperit
Carguat de pecat mortals,
18   Ta mort es perpetuals.

2 *Pour* l'als. — 9 em, *corr.* es. — 15 mitis *ou* micis, *corr.* meteis.

>   (A)dont guarde com hobraras
>   Mentre bite te soste,
>   Qu'en breu d'ore s'endebe
> 22   [Que om mor] en un trespas;
>   Per que non deu hom eser las
>   De ben far, car ades es auzit,
>   Qu'em breu d'ora es fenit
>   Lo yoy de quet segle fals,
> 27   A tos es mort cuminals.

Je ne sais à qui appartient le couplet fort incorrectement copié à la suite de la pièce précédente. Il exprime une idée que Folquet de Romans a rendue en d'autres termes dans sa pièce *Quant cug cantar*, couplet IV *(Parn. Occit.*, p. 122).

>   Rayson fore, si fos costume,
>   Que al malvat filh hom la tere tolges,
>   Et al valent qui n'a valor conquece
> 4   Que hom la(c) dones, baque a ren no tanges;
>   E greu per dret juraria
>   Que hom dones aquel qui valdrie
>   Alquel ric loc lauses hom decaser.

Iste liber est Arnadi Glibi [1] de Togete [2] et de las Portas et de Anxe [3].

III

LES SEPT JOIES DE NOTRE-DAME

Les cinq joies, les sept joies, les quinze joies de la Vierge ont été au moyen âge le sujet d'un nombre incal-

---

23 *Corr.* Perqu'om non deu e. — 24 *Corr.* can n'es aizit.

2 *La fin, depuis* tolges, *et y compris la souscription* Iste liber... *est d'une écriture autre que ce qui précède.* — 4. *Corr.* a cui ren? — 5-7 *Corr.* jut juria | Qui dones a cui voldria | Qu'aquel? lauses *ou* lauses *pour* laises; *cf., pour le passage d'ai à au, ci-dessus*, p. liv.

1 Glibi *avec* l *barrée; l'écrivain a-t-il voulu mettre* Guilaberti? — 2. *Probablement* Touget, *Gers, arr. Lombez, cant. Cologne.* — 3. *Ou* Anye, *ou* Auxe.

culable de poésies[1]. En provençal on connaît déjà trois compositions sur les sept joies : 1° les vers de Gui Folcoi, celui qui fut pape sous le nom de Clément IV (1265-8), dont on possède deux copies (Bibl. nat. fr. 22543 et 1745); 2° un petit poëme également conservé dans deux mss. (Bibl. nat. fr. 1745 et 25415), 3° une pièce en couplets, citée par les *Leys d'Amors*, I, 264. Le préambule des deux premières de ces poésies a déjà été publié[2], mais le reste est inédit. Je vais transcrire ici d'après ces deux textes la partie concernant la première joie, que l'on pourra comparer avec l'endroit correspondant de la rédaction contenue dans le ms. Didot.

22543 fol. cxxvi *col. 1 c*

D'aiso messatje fo fizels
A te l'archangel Gabriels,
Can venc a te en Nazareth
E dossament te saludet,   4
E dis que filh de Dieu seria
Cel que de ton cors naisseria.
E tu, non per tal que doptesses,
Ni del fag te desesperesses,   8
Mas sol per saber la maneira
E si serias verges entieira
Demandiest cos poiria far,
E volguist nos endoctrinar,   12
Ço es neteza, cara res,
Pus a te, dona, cor non pres.
De recebre tan gran prezentz
Trot dis l'angel deslieuramen   16
Que filh aurias ses peccat
E ses perdre vergenetat
Per obra de Sant Esperit.

Variantes du ms. fr. 1745, fol. cxxv *b c.* — 1 fo m. f. — 3 a te venc. — 7 per so que non. — 10 E *est omis dans 1745.* — 14 Mas.

1745 fol. cxxvij *a.*

Lo premier gaugz li venc del cel
Per la boca san Gabriel
Que portet lo san mandamen
De Dieu lo payre omnipoten :   4
« Cell que defen los cieus de pena
« Sia ab tu, de gracia plena.
« Messatge soy de Dieu lo payre
« Que vol que tu sias sa mayre,   8
« E per ayssso tramet say me.
« Sant Esperitz venra en te ;
« Tu cocebras, verges Maria,
« Ses tota carnal companhia :   12
« Efan auras de Dieu lo payre,
« E ceras dicha filha e mayre. »
So lin respon sancta Maria :
« Segon la tua paraula sia. »   16

1 *Variantes du ms. fr.* 25415 *fol.* 33. — 1 li *manque.* — 2 De. — 5 Aquel.... losieu. — 6 ab nos. — 8 E v. que vos siatz. — 9 Electa sobre totas res. — 11 E c. — 13 Efantaras Dieus tom payre.

1. Notons qu'en Catalogne le mot *goig*, qui désignait d'abord une poésie en l'honneur des joies de la Vierge, a fini par s'appliquer à toute espèce de poésie religieuse. Des spécimens de ces *goigs* ont été publiés dans la *Revue des langues romanes*, VII, 229-35/

2. Pour la première par M. Bartsch. *Chrestomathie provençale*, 4ᵉ édit. col. 291 ; pour la seconde dans le Bulletin de la Société, 1875, p. 70.

E cant aco aguist auzit, 20
Acordiest te al cossentir,
Per que Dieus i denhet venir
E fetz de to ventre maizo,
E dis vers Dieus e vers homs fo, 24
En loc estreg se volc pauzar,
Cel que clau cel e terr' e mar.
Aiso fo, donal gaug premier
Quet d[on]et tos filhs drechurier. 28

Per aguest gaug de la piuzela
Nos gar Dieus de mal quens capdella!

Le texte qui suit est de beaucoup le plus altéré entre tous ceux, généralement si incorrects, que contient notre ms. Il est douteux que le copiste ait su qu'il copiait des vers, tant sont nombreuses les interpolations qui faussent la mesure. Mais, d'autre part, on ne peut guère le rendre seul responsable de l'état du texte, si on considère que la même main a écrit une partie de la pièce V et probablement la pièce IV, où du moins les interpolations qui défigurent le texte des *sept joies* ne se rencontrent pas. Peut-être cette dernière pièce a-t-elle été recueillie d'après une tradition orale fort altérée. Les caractères du gascon sont ici très marqués. Citons *ago* (habuit) 2, *agos* (habuistis) 6, 11, etc., *agos* (habuisset) 19, *aurient* 25, le pronom *ac* 20, 44, 45, etc.

In principio erat Verbum et Verbum.   f. lxxviij v°

I   Voleds audir los .vij. gays principaus
   Que n'ago el filh de Diu la mayre sperital?
   Non es home tant pecador mortal
   Que sels pot dir cascun jorn per son las
5   Que a la fin ben poyra estre saub.

II   Lo prumier gay, done, que vos agos,
   So fo de l'angel que (que) Jhesus vos trameto.
   Ben vos ac dis e ben vos ac promes

20 c. aysso.— 21 del c.— 24 Car dis.— 26 cel terra e m. — 27 Aquest dona fol g. — 28 *Corrigé d'après* 1745.

17 aquel g. verges — 18 Vos nos gardatz de mal ens c.

4 Per son las, *corr.* per jornal. — 6-8 *Corr. les rimes en* aguist, tramist, promis.

III. — LES SEPT JOIES DE NOTRE-DAME

Qu'en vos vindra lo ber Dius Jhesu Crist,
10 Lo pay el filh e l[o] Sant [E]sperit.

III Lo segunt gaug (done que vos agos so) fo (de) la nativitat,
Can consebos (Dius) am gran virginitat.
Virgina fos can de lui vos cargat,
Virgina fos can nou mes l'agos portat,
15 Virgina fos can Jhesu Crist fo nad,
(Car aysi fo nad) que hanc non pengos vostre virginitad,
Ans ne fos salve e digne (done) sens pecat;
Que hanc de nulha done no pot estre pensat
Que de son par (agos) enfant sen[e]s pecat
20 Agos, ac vos, Dius ne sia laudat!
Ja ieson los angels dels sels, dun Dius da gran clartat,
E dizon quascuns, de cada part : « Es nat
« Lo rey on tot lo mon sera saub[at]. »

IV Lo. iij. gay (done que vos agos so) fo de la stelle luzent *f. lxxviij*
25 Qui guida los tres reys qui anaven en Aurient.   (7)
Cascuns dels reys ofri[ro]n tals presens :
Aur [e] ensens e mira e sement;
Jhesus los prin per tal (re)conexement
Car el es lo beray Dius omnipotent.

V Lo .iiij. gaug es de la resurecxio,
31 Qua[r] Jhesu Crist s'estave al peyro ;
Aqui s'estave ab tot sos compaños.
Ben sabem los angels els apostos cans son :
Carante jorns los mes de lor mecion,
35 Car Jhesu Crist los forini lor mecion.

VI Lo .v. gay ben lo sabem comdar :
La sus ensen lo birem puyar;
Tu[t] l'ador[er]en de grat e d'amor [car],
(Car Jhesu Crist au crubat per senhor
40 Tut l'adoren d'amor e de grat)
Car Jhesu Crist an per senho[r] crubat.

9 *Ms.* qen en nos. — 12 Dius, *ou* dins, *les* u *sont faits comme des* n. — 14 nou, *ms.* nan. — 16 *Corr.* Que anc non pres, *ou* non perdetz. — 21 *Il est possible qu'ici deux vers aient été fondus en un ;* ieson *paraît être pour* eison ; gran, *ms.* gron. — 22 E dizon *corr.* Dizen? *ms.* nat es. — 23 tot, *ms.* ton. — 25 *Corr.* Q. guidals r. ? — 28 prin, *corr.* pres *ou* prist. — 32 s'estave, *ms.* so stave. — 33 *Corr.* lh'angel. — 35 *Corr.* formi? *La fin de ce vers est évidemment fautive.* — 38 *Je néglige un signe d'abréviation sur* grat. — 39-40 *Les deux lignes que j'enferme entre* ( ) *sont une répétition inintelligente*

VII Lo .vj. gay es gra[n] e no petit,
　　Can a regina b[en]is en paradis,
　　Anmes e cos tot ac prenet en grat,
45　Tot ac metet eus gays de paradis.

VIII Lo. vij. gay es de gran dolsor,
　　Car bos, ma done (salve e digne done), plene de doso[r]
47　Sober totas (donas) devet aver balor.

A! vergine S. Marie pel[s] .vij. gays que vos agos pregat al Pay e al Filh e al sanct Esperit quens ame (a) tot[z] e (a) totes au gay de paradis. Amen.

IV

DÉBUT D'UNE NOUVELLE INCONNUE

Cette nouvelle, qui devait avoir un caractère très profane, prend assez singulièrement place entre les poésies pieuses que nous avons déjà examinées, et celles qu'il nous reste à faire connaître. Il est vrai que le début seul en a été copié : la continuité de la pagination exclut l'hypothèse d'une lacune, et d'ailleurs l'écriture tout à fait négligée des derniers vers de ce morceau semble indiquer que le scribe n'avait pas l'intention de pousser bien loin sa copie. Ce qui subsiste pourrait être rendu ainsi.

Je vais vous dire une aventure nouvelle que j'ai ouï conter il y a peu. Tout le changement que j'y ferai est que je vous la dirai en vers. En un château [1] situé non loin de nous vivait un chevalier riche et preux, homme considéré et de grand lignage, jeune et de bonne mine. Il avait une femme à son goût, courtoise dame et agréable,

---

du copiste. Il n'est même pas sûr que le v. 41, qui rime mal, ne soit pas de trop aussi. — 44 Corr. en g. prenis

1. Château, au sens où on employait ce mot dans le Midi, celui de ville entourée de murs.

IV. — DÉBUT D'UNE NOUVELLE INCONNUE

bonne, belle, considérée, si bien qu'elle était contente de lui et lui content d'elle. Du temps qu'elle était damoiselle, il y avait en ce château un écuyer gai et vif qui l'avait longtemps aimée.... [1] comment il la pourrait avoir. Quand il vit que la dame s'était mariée, vous pouvez croire qu'il en fut affligé. Toutefois, il pensa qu'il ferait tant qu'il aurait, si faire se pouvait, un entretien secret avec la dame et lui découvrirait son cœur. Un jour, il advint que le chevalier qui avait cette dame pour épouse s'absenta du château pour affaires, ce qui fit grand plaisir à l'écuyer. Celui-ci se rendit au plus vite auprès de la dame, et lorsqu'il fut en sa présence, il lui parla ainsi : « Dame sage, loyale, véridique, franche, bonne et bien « née, si je ne sais m'exprimer avec autant de propriété et d'a- « dresse qu'il le faudrait, ne me repoussez pas cependant : c'est le « grand amour que je vous porte qui me dicte mes paroles. Dame, « il y a longtemps que je vous aime dans le secret de mon cœur, « sans oser vous dévoiler mon amour, de crainte d'être repoussé... »

On devine où tend ce discours. Nous devons supposer charitablement que la dame répondit de manière à montrer qu'en faisant l'éloge de sa sagesse et de sa loyauté, l'amoureux écuyer ne lui avait pas adressé un vain compliment. Soyons prudents, toutefois, et interdisons-nous toute conjecture sur la suite du récit. Quoiqu'il en soit, il est certain que nous avons là le seul fragment subsistant d'une nouvelle qui viendra maintenant prendre place dans la littérature provençale à côté des trop rares spécimens du même genre que nous ont laissés Raimon Vidal, Arnaut de Carcassonne et l'auteur inconnu de *Flamenca*[2].

Citons, comme un caractère du gascon, le redoublement de l'*o* dans *proos* 6.

```
        A vos que et aysi dirai
        Unas paucas novas que ay
        Auzidas dire, non a gayre ;
   4    Mas riman lo vos vulh retraire.
        En .j. castel c'a pres de nos
        Hac .j. cavalier ric e proos,
        Ondrat hom e de gran linatge
```

1. Lacune dans le ms. — 2. Voy. la préface de *Flamenca*, p. xvii-xix.

```
 8  E joves e de bel estatge;
    Ez ac molher a son talent,
    Corteza dona et avinent,
    Bona e bela e ondrada,
12  E tals que si tenc per pagada
    De son marit, e el ben d'ela.
    Aven qu'el temps qu'(il) era donzela
    Avia en aquel castel
16  .I. escudier gay et isnel
    Que la avia lonc temps amada
    ............................
    Cossi el aver la pogues;
20  E can vic que en aysi l'es pres
    Que la dona si maridec,
    Saber podetz quel n'enugec;
    Pero pensec se que faria
24  Tan c'ab la dona, si podia,
    Parlaria privadament,
    El mostraria son talent.
    .I. jorn avenc quel cavalier
28  C'avia la dona per molher
    Fo anatz foras del castel
    En sos [a]fars, de que fo bel
    A l'escuder..............
32  ........................
    ........ aitant tost can poc,
    E cant li fo denant, le moc
    Sa rayso en [ay]tal maneira :
36  « Pros domna, leials, vertadeira,
    « Franca, fina e de bon aire,
    « S'ieu no vos say mos ditz retraire,
40  « Tant be ni tant adrechament
    « ... ...................
    « [Com] say que tanheria a dir,
    « No vulhatz que puscha falhir,
    « Que[l] sobre gran amor que ay
44  « Mi fara dir so que diray.
    « Dona, lonc temps vos ay amada
```

14 Aven, ms. Aren.— 18 *Il manque ici au moins un vers.*— 28 Per, corr. a. — 31 *Dans le ms.* a l'escuder aitant tost can pot *est écrit sur une ligne comme ne formant qu'un vers, mais il est évident qu'il y a là deux fragments entre lesquels on peut supposer une lacune.* — 34 *A partir de la seconde syllabe du mot* denant *l'écriture devient très négligée.*

« Ins en mon cor d'amor celada,
« Que may non auzi descubrir
48   « Mon cor per paor de falhir.
« Can mi pensava la beutat
. . . .

V

LES QUINZE SIGNES DE LA FIN DU MONDE

Cette pièce est fort incomplète. Les deux tiers environ du feuillet lxxx, qui en contenait la plus grande partie, ont été arrachés. Perte assez peu regrettable, du reste; car s'il est vrai qu'il n'existe pas, à ma connaissance du moins, d'autre copie de ce texte, il faut s'empresser d'ajouter qu'on en possède beaucoup de fort analogues. La description des signes précurseurs de la fin du monde est un sujet qui a été bien souvent traité au moyen âge, et qui, en français notamment, a donné naissance à toute une série de compositions. Sans entrer dans un exposé qui ici ne serait qu'un hors d'œuvre, je renvoie, pour l'étude du sujet pris dans son ensemble, aux dissertations de Mlle C. Michaelis [1] e de M. G. Nölle [2]. Je me borne à rappeler qu'entre ces compositions, plusieurs se rattachent à la prédiction de la Sibylle, petit poème d'origine grecque, dont saint Augustin nous a transmis une traduction en hexamètres acrostiches qui a été, pendant tout le moyen âge, très répandue [3]. Les vers de saint Augustin sont l'original du

---

1. *Archiv für das Studium der neueren Sprachen* hgg. von Herrig, XLVI, 35-60. — 2. *Beiträge zur Geschichte der Deutschen Sprache* hgg. von Paul und Braune, VI, 443-76. La dissertation de M. Nölle est un premier essai, encore bien incomplet, à l'effet de classer les divers textes en langue vulgaire par rapport à leurs sources respectives. — 3. Voir, sur ces vers, le Bulletin de la Société, 1879, p. 74.

petit poème français en strophes que j'ai publié, d'après un ms. de Florence, dans le Bulletin de la Société, année 1879, pp. 79-83, et du poème catalan, également en strophes, dont M. Mila y Fontanals a fait connaître plusieurs versions, sous le titre : *El canto de la Sibila*, dans la *Romania*, IX, 353 et suiv. La rédaction que nous offre le ms. Didot a sans doute eu pour base les hexamètres de saint Augustin : le premier même de ces vers est inscrit en tête de la pièce, et la Sibylle (*una punsela*) est mentionnée, mais l'imitation est assez lointaine : les signes de la fin du monde sont numérotés, et la scène du jugement est esquissée ; ces deux traits manquent dans le latin ; le second toutefois se rencontre dans presque toutes les versions.

Le texte du ms. Didot, fort corrompu comme les autres pièces que renferme le même ms., n'a pas été composé originairement en pur provençal : les rimes *soner-quer* (xxii), *pietet-gred* (xxiii), *gred-aparelled* (xxiv), indiquent plutôt des pays de langue française. Sans doute on pourrait corriger *pietat, grat, aparellat,* et obtenir ainsi d'excellentes rimes provençales, mais si ces rimes s'étaient trouvées dans l'original, il est fort à croire que le copiste, assurément méridional, les aurait conservées. D'autre part il reste la rime *soner-quer* qui serait en provençal *sonar-quer*, en français *soner-quier*, et, par conséquent, ne convient à aucune des deux langues. C'est précisément le cas qui a été étudié ci-dessus, pp. xxxviij à xlvij, à propos des rimes en *ier* de *Beton*, et la solution doit être la même. Ici encore se rencontrent plusieurs exemples du redoublement gascon de l'*o* : *boos* xxi, xxiii, *moot* xxiii, *tenebroos* xxv, et de l'*e*, *mercee* xxii.

Judici[i] signum tellus sudore made[s]cet. *fol. lxxx* (8)

I Senhors, humilmens m'entendets
   D'una punsela cum parlet
   Del segond veniment de Crist,
   En la fin can vindra, e dis :

V. — LES QUINZE SIGNES DE LA FIN DU MONDE

II   Abans del jor del jugiament
Can Jhesus vindra verament
Si...... signes grants,
Mot fers e mo.............

III   Le prumer signe quis.... [1]
sus se levara en..........
sob lant mes pu..........
can deisend...............
nuls....................

Verso du même feuillet :

... [2] gran forse del ferir.

X [3] Al .viij. [jorn] generalment
Fara tal terra manement [4]
Que tot lo segle tremira
De la ferece que veira.

IX   Et al .ix. seran engals
Las montanhes els puis plus auts;
Tote la terre engalmens
S'aplanira ses falimen.

XII Et al .x. esiran de
[5].....s homes qui seran rescos de las
......., isiran cuma fols e no parla
...........c isiran desus los os dens
.... ssint (?) cascus sobre
.... en vera

XX La sancta regina del cel   *f. lxxxi (9)*
Vindra ensems ab sein Miquel [6],
Los apostos, los martres (?),
Totz las virgines els confesos.

---

1. *Ici je reproduis ligne pour ligne, sans m'occuper de la distinction des vers, ce qui reste des couplets III et IV au fol. lxxx rº.* — 2. *Le premier mot du vers était au bas du rº et manque par conséquent.* — 3. *C'est par pure conjecture que je donne le nº X à ce couplet.* — 4. *Corr.* movement. — 5. *A partir d'ici le texte est reproduit ligne pour ligne.* — 6. *Exactement* semimquel.

XXI Lay en la bal de Josaphat [1]
     Sera lo jugiament re......
     Se retraira als boos et als mals,
     Als princips et al[s] criminals.

XXII Ja rey en [2] comte aut ni gran,
     Dus ni princip ni amiran
     Non er ardit d'un mot soner,
     Mos cant : « Jhesus, mercee vos quer. »

XXIII Una parola bos diç [3] fort
      Als mals (per) plene de gieconort [4],
      Als boos [sera] de gran pietet,
      Car moot los er semlant de gred.

XXIV Als bos dira : « En paradys
     « Anads, per tal car my servis;
     « Arceb[e]ts lo regne de gred
     « Qui bos esta aparellet. »

XXV Als mals dira un mot felo :
    « Anads en l'enfern tenebroos,
    « En dolor, en(t) ira e turmens,
    « E grans penas aiads tos temps. »
                                    Amen.

VI

LE TRAITÉ DES NOMS DE LA MÈRE DE DIEU

Les poésies religieuses que le moyen âge nous a laissées ne se recommandent pas, en général, par la valeur de la pensée. Elles ne sont ordinairement que la mise en œuvre d'idées anciennes, conservées par la tradition ec-

---

1. *Ms.* msaphat. — 2. *Corr.* pi. — 3. *Les deux dernières lettres sont indistinctes.* — 4. *Corr.* de desconort?

clésiastique, et rédigées en nouvelle forme par des gens que leur éducation avait rendus incapables de toute conception originale. La pauvreté des idées est surtout notable dans les prières, soit en vers soit en prose, dont nous possédons un très grand nombre. L'un des procédés de développement qui ont été le plus employés a consisté à grouper tous les noms, toutes les qualifications, toutes les épithètes, qui pouvaient avoir été appliqués à Dieu ou à la Vierge dans les livres sacrés ou chez les pères [1]. Ainsi a été composée la prière des soixante-douze noms de Dieu « comme on les dit en hébreu et en latin », à laquelle il est fait allusion dans le roman de *Flamenca*, et dont le texte provençal nous a été conservé dans un ms. du comte d'Ashburnham, tandis que le texte français s'en trouve jusque dans un des petits livres de la bibliothèque du colportage [2]. De ce nombre encore est le poème (car c'est bien un poème, et ne comptant pas moins de 3000 vers) des cent noms de Dieu, composé en 1285 par Raimon Lull, avec l'intention de démontrer aux Sarrazins la supériorité du christianisme sur le mahométisme ; car, dit-il dans la petite préface qui précède son œuvre, « selon les Sarrazins il y a quatre-vingt-dix-« neuf noms de Dieu dans le Coran, et qui saurait le « centième saurait toutes choses. C'est pourquoi je fais ce « livre des cent noms de Dieu, sans pourtant qu'il s'en suive « que je sache tout, ce qui prouve l'erreur des Sarra-« zins [3]. » Il y a sur le même sujet un poème latin en vers rhythmiques, plus court, et beaucoup plus ancien, qu'a publié D. Pitra, *Spicilegium Solesmense*, III, 449. Le même recueil contient (III, 451) une autre pièce rhythmique, *de nominibus beatæ Mariæ virginis*, qui paraît être du XIIe siècle. Elle est sans rapport avec notre pièce provençale.

1. On trouvera une liste à peu près complète de ces qualifications et de ces épithètes dans l'un des index de la Patrologie latine de Migne, t. CCXIX, col. 502-22. — 2. Voyez *Flamenca*, p. 316-7. — 3. *Obras rimadas de Ramon Lull, publicadas por* Geronimo Rosello, Palma, 1859 ; p. 201.

A part la pièce dont le texte suit, je ne connais pas de poésie française ou provençale ayant pour objet de célébrer les nombreuses qualifications qui ont été appliquées à la Vierge ; mais il ne manque pas de prières en vers où ces qualifications, ingénieusement commentées, tiennent une place plus ou moins grande. De ce nombre est la « priere Theophilus », ou, selon un autre ms., « priere Nostre Dame », que M. Scheler a publiée récemment [1], et et où on voit la Vierge comparée successivement au soleil (couplet 8), à une tour (coupl. 17), à la pleine lune (coupl. 29), à un éléphant (coupl. 32), à une montagne (coupl. 33), etc.

Le « traité des noms de la mère de Dieu » appartient donc à un genre connu, mais c'est une espèce nouvelle qui n'est pas indigne d'être recueillie, d'autant que, envisagée comme œuvre littéraire, cette pièce n'est pas dépourvue d'un certain mérite de style. Elle est en quatrains monorimes, les vers ayant souvent une rime à l'hémistiche [2]. Il nous en reste 22 quatrains et une partie d'un 23e, la suite ayant disparu avec les feuillets lxxxiiij à lxxxvij du ms. Ce fragment est de deux mains, l'une et l'autre singulièrement inhabiles. Le premier copiste surtout (ff. lxxxj v° à lxxxij) était inexpérimenté au point de ne savoir pas couper les mots correctement ; ainsi il écrit *tal auzor* pour *ta lauzor*, v. 56, et *no sem* pour *nos em*, v. 58. On remarquera, entre autres particularités phoniques propres à ce copiste, le passage d'*s z* à *r* dans *arorar* 4, *rer[e]met* 17 (pour *rezemet*), *meravilhora, amorora, poderora* 34-6 (pour *meravilhoza*, etc.). Si ces formes ne viennent pas d'une copie antérieure, elles constituent les exemples les plus occidentaux qu'on ai du fait en question.

Il y a clairement *regardet* au v. 20 ; de même au cou-

---

1. *Zeitschrift f. romanische Philologie*, I, 247-57.
2. Notons qu'en général la rime finale d'un couplet fournit la rime intérieure du suivant ; voy. xix-xx. Il y a interruption, p.-ê. lacune, entre xvii et xviii.

plet VII *nasquet*, etc., mais *formec* 2, 14 et 16. L'écrivain aurait pu s'autoriser des *Leys d'amors* qui admettent l'une et l'autre forme (I, 42).

Lo tractat dels noms de [*la*] *mayre de Dieu.*

Aysso es lo tractat dels noms de la mayre de Dieu.

I   Aquel Senher que fetz cel e terra [e] mar
       E formec tot quant es e fay lo mon durar,
       E fo en la crotz mes per totz nos a salvar,
4   Devem ab ferma fe creyre et arorar;

II   Quar el es ses dubtar un Dieu esperital,
       Un saber, un poder, un senhor eternal,
       Que ab cauzas contrarias ha fag lo mon engal,
8   Contra lutz fetz tenebras e be contra lo mal.

III   Dieus fetz gaug contra dol e sen contra folor,
       E fet dreg contra tort   e freg contra calor,
       E frevol contra fort   e gran contra menor,
12   E contra vida mort   e blanc contra negror.

IV   Dieus fetz per engaltat redon lo fermamen,
       E quant formec Adam el lo fetz de nien,
       Et apres, d'un[a] costa que li trayih en durmen,
16   Formec Eva sa femna, so trobon en ligen.

V   E pueyih per lo serpen foro amduy temptat, *f. lxxxij* (10)
       Quar manjeron del frug que Dieus lor hac vedat;
       Per so foron a mort eternal condampnat,
20   Mais Dieus i regardet merce e pietat.

VI   Quar en ayssi cum el hac fag mot purament
       Femna del cors de l'home, ses autr' ajustament,
       En ayssi fetz Dieus home nayssher verayamen
24   Del cors de femna verges senes corrompement.

VII   So fo lo filhs de Dieu que verays hom nasquet
       De la verges Maria, que lo mon restauret :
       Quar hom fetz lo peccat et hom lo rer[e]met
28   En l'albre de la crotz on son sanc escampet.

13 *Ms.* engaltal.— 16 *Mieux vaudrait* trobam *ou* trob'om. — 17 per, *ms.* pen

VIII	D'aquela sancta verges de cuy em tug salvat,
	E del poder d'iffern partit e deliurat,
	Mayre del filh de Dieu, vos diray un tractat
32	Dels sieus benignes noms que de lieys ay trobat.

IX	Dona mayre de Dieu sancta e gloriosa,
	Hom t'apela divina quar hyest meravilhora
	Totz bes vas tu s'aclina tu, verges amorora;
36	D'omes hyest medecina e d'angels poderora.

X	Donzela gracioza, plena de gran bontat, *v*
	Humils e piatoza, defen nos de pecat,
	E val nos, glorioza, quar as la posestat:
40	Fay tant que n'an joyoza, l'arma el tieu regnat.

XI	Verges, tu hiest ciutat e forsa e castel,
	En la crestiandat Dieu sent mot fort e bel;
	L'ennemi nos combat e nos tray manh cayrel,
44	Mas tu, verges, nos salvas cobrens ab to mantel.

XII	Ty hiest aret mot bel en la ley crestiana,
	Dieus escrius en ta pel e volc vestir ta lana;
	Sathan e Lucifer ferit son de ta bana,
48	Quar tu portiest l'anhel quels peccatz del mon sana.

XIII	Mayre de Dieu sertana, glorioza e pia,
	Siatz de mi propdana quar l'enem[i]c m'espia
	.vij. jorns de la sepmana, no s'en part nueg ni dia,
52	E trop soven m'engana, tant sap de maistria!

XIV	Dona sancta Maria, vulhatz mi perdonar,
	Quar ayssi cum deuria non te puesc pro lauzar,
	E si tostemps vivie trol mons degues finar *f. lxxxiij*
56	Lo mile non poyria de ta lauzor contar.

XV	Ve nos illumienar, quar tu hiest clar' estela,
	Quar nos em en la mar quar lo rem e la tela,

---

30 partit, *il ne reste plus que les trois premières lettres de ce mot.* — 36 medecina, *leçon douteuse. Ce mot termine une ligne et il n'en reste plus que les quatre premières lettres.* — 37 *A partir de ce verso et dans tout le feuillet suivant les premiers mots de chaque couplet sont en rouge.* — 42 Dieu *est en interligne;* corr. loc? — 46 vestir, ms. vest verstir. — 58 nos em ms. no sem. — 58-9 *Les seconds hémistiches de ces deux vers se répètent. La faute est sans doute au v.* 58, *où on pourrait proposer* Quan..... lo governs e la vela.

	E no vezem anar, que lo rem e la tela
60	Vol l'enemic trencar e tudar la candela.

XVI ·Tu hiest aquel'escala   don monton lhi fizel
Laissus n'aut en la sala,   de paradis le cel,
Mais nulhe cauze mala   no y monte ni cruzel,
64 Car tu los trencas l'ala,   mayre de Manuel.

XVII Tu hiest porta de cel,   porta de salvamen,
Uberte al fizel,   clauza al mescrezent;
Profete Yeehiel   o ditz tot clarament,
68 Tu hiest virginal porta clauza eternalment.

XVIII Fontayna de dosor   mizericordioza,
Mayre del meu senhor   e filha [e] espoza,
Amorta tu s'ardor   qui aytant engoysoza,
72 Ab aygua de freior   tum baya e m'aroza.

XIX Tu hiest nivol pluyoza   e f....... engent,
La calor engoysoza   que l'enemic hufent;
Tu, verges amoroza,   hist nostre salvament,   v⁰
76 Ab aygua abondoza   tum baya don soven.

XX Tu hist comensamen   de la nostra salut,
E hist deliurament   de la gran sirvitut;
Tu, alba resplandent,   as lo mon espandut
80 De nostre salvament,   que tut eram perdut.

XXI Un autre nom te say   de gran humilitat,
Per tu mesisa l'as   car tu l'as enpauzat,
Quan Dieus te trames l'angel ac te anunciat,
84 Apele te sirvente (de Dieu) plena de gran bontat.

XXII Tu hist be[r]gua Yese, fazen fruc ses semen,
De la qual(s) son batut demonis malame[n]t;
Tu t'enclinas bassetz que preguan .....
88 Ab horasio de boca, tan est hobedient!

59 *Corr.* E non auzem? — 63 nulhe, *ms.* nilhe. — 71 qui *n'est pas d'une lecture assurée ; corr.* qu'es? — 73 *Je crois lire au second hémistiche* e frey... et engent.—74 *Le dernier mot est douteux.*—79 *Corr.* lo nom? — 87 *Le mot remplacé par des points est écrit* dregclament; *les lettres* cl *sont barrées et remplacées en interligne par* me. *Ni la leçon originale ni la leçon corrigée n'offrent un sens ; p.-ê. faut il supprimer le* que *et lire* preguan ·degudament.

XXIII   Tu hiest plena de patz [e] en cel [e] en tera,
       Ajuda mi sit plat, quar la qual ..... guera,
       E l'amor(t) mi combat

Manquent quatre feuillets qui devaient contenir une quarantaine de quatrains. Au fol. lxxxviij r° le poème se continue. Mais les vers écrits sur cette page sont écrits de nouveau au v° du même feuillet, par une autre main qui a écrit aussi ce qui se lit au fol. lxxxix. Les vers qu'on lit d'une part au r°, d'autre part au v° du fol. lxxxviij, sont identiquement les mêmes; toute la différence consiste en ce que la' leçon du r° est remplie des fautes les plus grossières. Ainsi on y lit, v. 253, cnnpara au lieu de compara, v. 254 dedeens au lieu de dedins, v. 255 bol guy ...nalha, au lieu de volguest ...nulha, et le dernier mot du couplet est omis. C'est parce qu'on s'était aperçu de ces incorrections qu'on a fait recommencer la page par un autre copiste.

LXIV   Verges, hom ti compara, mantas gens, a melgrana *f. lxxxviij*
      Car dedins es bona e sana;   *v°* (12)
      Tu non volguest amar nulha cauza mondana,
256   A tu fo tot amar Dieus hon tot ben guana.

LXV   Tu hiest femna humana   de [la] nostra natura,
      Puncela he certana,   verges neta he pura,
      A Dieu sa sus triat,   si com dit la scrittura,
      Puys (ya) que Dieu ac format   Hadan ni sa figura,
261   No fo en veritat   tant humil creatura.

LXVI   Tu hiest tera sertana   hon Dieus venc semenar,
       Presioza he plana   que hom pot laborar.
       En tal terra plana   deu hom son blat gitar
265   Que ret vianda sana   que (hom) pot l'arma salvar.

LXVII   Dieus fec miracles grans   quant ce bol encarnar
        El tieu sanch tabernacle   per lo mon restaurar,
        Que per trauc ni per ancle   non podiam escapar,
269   Car el foc perdurable   nos comben (se) a tombar.

90 *Le mot remplacé par des points se compose de sept jambages et d'un* a *(mimas?) avec une barre sur les jambages du milieu.* — 254 Ms. *de dires es amar, ce dernier mot est rayé; faut-il corriger* car [defors es amara], dedins boua e sana? — 256 *Corr.* [mas] Dieu.... grana? — 258 *Le premier he pourrait être avantageusement corrigé en* be. — 259 *Le premier hémistiche ne se construit pas bien. La leçon est la même au r°, sauf que* A Dieu *manque. Il est clair que le copiste a réuni ici deux couplets en un, faisant un bourdon causé par la similitude des rimes finales de deux couplets distincts. On voit que les rimes intérieures ne s'accordent pas, et que le couplet a un vers de trop.* — 263 plana, *au r°* plena. — 264 plana *au r°, ici* pla; *il faut trois syllabes,* doussana? — 266 *Corr., pour la rime de l'hémistiche,* un gran miracle?

VI. — TRAITÉ DES NOMS DE LA MÈRE DE DIEU

LXVIII Vergis, heu no soy digne   de ton filh azorar,
Car l'esperit maligne   me fay soven pecar,
Don ay pahor ses digne   contra [lo] ton filh car,
273   Sil tieu cors sant benicne   no m[i] bol ajudar.

LXIX Vulhat lo donc preguar,   glorihoza, per me
Quem vulha perdona[r]   he que m'aya merce;
Nom layssas enfermar   car nulha res mas te
277   No m[i] pot desviar quant ay fayt lo perque. *f. lxxxix* (13)

LXX Tu hiest lanterna, bela, clara he pura,
Hon [en] .j. loc s'es mes lo lum de gran dreytura
Quen[s] bol enluminar e de nos aver cura,
281   Ens vol gitar d'ifern la tenebre escura.

LXXI Tu hiest via segura, plana he dreytureyra
Per hon pot hom anar ses falhir de careyre
En la ciutat de Dieu, car hetz yoyoza enteyre.
285   Mas coplas son fenidas, esta es la dareyra.

LXXII En tal maniera ay mon tractat fenit
Dels noms de la mayre de Dieu; a Dieu saran grazitz
Al payre e al filh e al sant Esperit
289   Quem tengua en sa guarda e quen don guaut complit.

                                                       AMEN.

Tot hom que aquet dictat legira sia tengut de dire la horasion del Pater Noster .iij. vet a ho[no]r de la sancta Trinitat. Item .vij. vet l'Ave Maria a honor dels .vij. guauj que la Vergis Maria hac del sieu car filh.

Le verso du feuillet lxxxix est occupé par une liste des noms ou qualifications de la Vierge. L'énumération n'est pas complète et n'est pas non plus en rapport avec le petit poème qui précède. On n'y voit pas, par exemple, la Vierge comparée à un bélier et à une lanterne, comme dans le poème, vv. 45 et 278. Néanmoins, en transcrivant cette liste, j'ai noté entre parenthèses quelques rapprochements avec le poème. Si ce dernier nous était par-

---

272 *P.-è.* s'esdigne? *on a* esdenh « *dédain* » (Lex. rom. III, 49.) — 278 *Manque une épithète pour compléter le vers.,* — 279 *Corr.* Lo loc en que s'es mes? — 283 falhir, *ms.* falten sa. — 287 *Il faut p*ᵗ*-ê. reporter* dels noms *au vers précédent, soit en tête du vers, soit après* tractat.

venu dans sa totalité, les rapprochements seraient plus nombreux.

Hec sunt nomina glorioʒa virginis Marie. v°

　　Div[in]a (34).
　　Virgo.
　　Flos.
　　Nubes (73).
5　Regina.
　　Tehocon.
　　Teotheca.
　　Inperatrix.
　　Pacifica (89).
10　Domina.
　　Ancilla (84).
　　Theonia.
　　Ortus.
　　Fons (69).
15　Putheus.
　　Via (282).
　　Semihata (79).
　　Aurora.
　　Lima.
20　Singularis.
　　Asies.
　　Portha (65).
　　Tellus (262).
　　Domus.
25　Templum.
　　Beata.
　　Gloriosa.
　　Aula.
　　Rubus.
30　Scola.
　　Scala (61).
　　Stella (57)
　　Mala granata (253).

　　Uva.
35　Vinea (85).
　　Turris.
　　Navis.
　　Redemptrix.
　　Liberatrix.
40　Archa.
　　Thalamus.
　　Cinamommum.
　　Balsa(mo)mum.
　　Generasio.
45　Homo.
　　Femina (257).
　　Amica.
　　Vallis.
　　Turtur.
50　Colomba.
　　Nuba.
　　Bibet.
　　Pulcra.
　　P[h]aretra.
55　Spesiosa.
　　Mater.
　　Alma.
　　Formosa.
　　Benedicta.
60　Filium.
　　Mulier (257).
　　Janua (65).
　　Civita(ta)s (41).
　　Tabernaculum (267).
65　Manna.
　　Maria.

ὁ Θεοτόκος. Je ne vois pas de différence entre ce nom et le suivant. — 19 sic, corr. luna? — 51 Corr. tuba? — 52 sic. — 60 Corr. Lilium.

VII

LES HEURES DE LA CROIX

Ce petit poème est d'une autre écriture que ceux qui précèdent ; il est aussi notablement moins incorrect. L'écrivain était, comme ses devanciers, du Sud-Ouest : le redoublement de l'*e* dans *bees* 31, le passage d'*ll* latin à *r* dans *aperara* (= *apelara*) 133, *aperi* 136 [1], le fréquent emploi de *b* pour *v* ne laissent aucun doute à cet égard. Je n'ai pas l'intention de faire une étude sur la graphie de ce copiste : je noterai toutefois une singularité, l'addition d'un *g* dans *mong* (mon) 81, *tong* (ton), 105, *mang* (main) 117, *sobirang* (souverain) 118, *song* (je suis) 151, *meng*[2] (mien) 80, 119. Notons encore la forme béarnaise *io* (e g o) 46, 135, etc.

La langue du poème offre aussi quelques particularités dignes d'attention. Les rimes *diu-humiu* (Deum-humilem) 30-40, constatent dans le second mot la vocalisation de l'*l*, ce qui est un des traits de la langue du Sud-Ouest [3]. Certains verbes ont, à la seconde personne du prétérit singulier, une forme bien exceptionnelle : *volgust* (ordinairement *volguist*) 4, en rime avec *fust* ; de même *prometust* et *dissu[s]t* 131-2, et, dans le corps du vers, *tragust* 212. Les rimes manifestent une complète ignorance de la déclinaison, argument de plus en faveur de l'attribution du poème au sud-ouest de la France.

Les heures de la croix ont formé un office qui actuelle-

---

1. Voy., sur ce phénomène linguistique, *Romania*, III, 436. — 2. On a *me* en béarnais, pour le possessif absolu masculin ; voy. à ce mot le glossaire des *Récits d'Histoire sainte en béarnais*, p. p. MM. Lespy et Raymond. — 3. Cf. *Leys d'amors*, I¹, 208.

ment se retrouve dans un assez grand nombre de manuscrits liturgiques. Bien que ceux de ces manuscrits qui me sont passés sous les yeux ne soient pas plus anciens que le xv⁰ siècle, il n'est guère douteux que cet office remonte au xiii⁰ siècle. Les vers rhythmiques qui en forment la partie essentielle semblent de cette époque [1]. Voici, d'après le ms. latin 10535 (xv⁰ siècle), les strophes de prime et de tierce :

> Hora prima ductus est Jesus ad Pilatum ;
> Falsis testimoniis multum accusatum
> In collo percutiunt, manibus ligatum,
> Vultum Dei conspuunt, lumen celi gratum.

> « Crucifige » clamitant hora terciarum ;
> Illusus induitur veste purpurarum,
> Caput ejus pungitur corona spinarum,
> Crucem portat humeris ad locum penarum.

Cet office a été mis en vers français. J'en ai rencontré deux traductions en vers, l'une et l'autre du xv⁰ siècle. L'une, contenue dans le ms. fr. 1869 de la Bibliothèque nationale, est accompagnée du texte latin. En voici la première strophe :

> A prime Jhesus a Pylate
> Mené fuist et moult accusé
> De faulx tesmoings qui a grant haste
> Ont contre ycelluy deposé ;

---

1. Il y est fait allusion dans le *Breviari d'amor* qui est de la fin du xiii⁰ siècle :

> Car santa Glieija per recort
> De Jesu Crist e de sa mort
> Fa la comemoracio
> De la soa gran passio
> Entre la nuetz el jorn .vij. vetz ;
> Car en .vij. oras trobaretz
> Que fo Jesus, si ben cercatz,
> Entre nueh e jorn trebalhaz
> Del trabalh que avetz auzit,
>   (vv. 24001-9).

VII. — LES HEURES DE LA CROIX

N'ont permis qu'il ayt reposé,
Sur le col l'ont bien rudement
Batu, decraché, illusé.
Pense, peuple, a ce torment.

Voici le début de l'autre, qui est tirée du ms. fr. 5661, exécuté pour Charles VIII.

Ci commence les heures de la croix en françois.

Jhesus qui es la sapience
De Dieu le pere glorieux,
Verité en divine essence,
Dieu puissant, homme gracieux.....

A prime.

A prime fut droit a Pylate
Jhesus mené et (bien) guerroyé,
Mais il n'y a qui son plait debate,
Par faulx tesmoings fut accusé.....

Je trouve dans les *Lateinische Hymnen des Mittelalters* de Mone des heures de la Passion (I, n⁰ˢ 87, 94, 95-100), qui, pour le sujet sont comparables aux heures latines de la croix dont on vient de lire deux strophes, mais d'une rédaction totalement différente. En provençal, je ne connais pas d'autres heures de la croix que celles de notre manuscrit :

Lo romans de las hores de la crot.   f. lxxxx (14
Ad matutinas.

Jhesu Crist veray senhor,
Que per mi paubre pecador
A las mayti[n]es liurat fust,
4 Pres e liat, quar te volgust,
Ab las paumes forment ferit,
Massat, (e) escarnit, escopit,
Prec te, senher, per piatat,
8 Quem vulhas donar fermetat
En mos trebalhs e paciense,
E ais meus tortz bona suffrensa;
E mas turbacios sobrar

```
     12   Me fey, senher, e tu lauzar,
          E de la tue pacion
          Remembrar ab debocion
          Tot jorn continuadement,
     16   Cum pusca venir dignament
          A la tua cara pagade
          On aura vita fort ondrade.
```

Ad primam.

```
          Jhesu Crist de gran senhoria
     20   Qui a la ora prima del dia
          Volgust que foses presentat
          Denant Pilat judge malvad,
          Tu que es veray judgador
     24   De totz los judges e senhor,
          Preguit, supplican humilment,
          Que no gardes mos falhiment,                        v°
          Ans me vulhas aysi judar
     28   Que a la fin nom vulhas da[m]pnar.
          Menem en loc celestiau,
          Gardem de turmen enfernau,
          On a compliment de totz bees
     32   E negun no sab mal que es ;
          Aqui, preg, me fay alogar
          E ab tos los sans heritar.    Amen.
```

Ad terciam diras :

```
          Jhesu qui fust per mos pecats
     36   A la ora de (la) tercia menat
          A las penas e als turmentz
          De la crotz descausidamentz,
          Tu qui es veray hom e Diu.
     40   Preguit, senher, ab cor humiu,
          Que, per la tua caritat
          E per la gran humilitat
          Per que a ta[n] aunida mort
     44   Te livrest per mi se[ne]s tort,
          E per la crotz on fust pendut
          Per que io fosse redemut,
          Quem denhes, senher, perdonar
```

18 aura vita *est douteux*. — 29-30 *Il faudrait intervertir ces deux vers dont le premier se rattache au v. 31.* — RUBRIQUE. *Il y a plutôt* ditas.

48 Mos pecatz e gracie donar
    Cum bienca ses tot falhiment
    A la tua gloria. *Amen.*

Ad medietas (sic) dierum.

    Jhesu (Crist), vita, vertat e via,   *f. lxxxxj* (15)
52 Qui a la ora del meydia
    Per mi pecador fust pujat
    Sus en la crotz e claufical,
    E fust abeurat ab dolor
56 De vinagre plen d'amaror
    Ab fel trop dolorozamant (*sic*,
    Pendut tot nut denant las gentz,
    A tu, senher, prec quem dos (*sic*) gracie
60 Cum puscha far so que a tu placie,
    Em fassas mos pecatz layssar
    E mi methas far mensprezar,
    Car ay faytz mil trespassament[z]
64 Contra los tos comandamens.
    Senher, fay me perdon trobar
    E a ta gloria arribar.   *Amen.*

Ad ora novena.

    Jhesus qui en la ora novena
68 Suffrit per mi [tan] cruzeu pena,
    Sus la crotz, las mas estendudas,
    Las craus (?) plagadas e batudas,
    E lo cap baysat, ab gran crit,
72 Livrest al Payre l'esperit,
    Ploran lacrimas trop amaras
    De gran reverencia e caras,
    Per quens fos uberta la porta
79 De Paradis e la mort morta,
    A tu prec, senhe, que membrar   v°
    Me faces, planher e plorar,
    La tua pacion soven
80 Ab que fist lo meng salvament,
    E met en mong cor ta laudor,
    Quem fassa membrar que es amor.

---

51 *Il faut retrancher* Crist *ou* e. — 62 *Corr.* E mi meteis (*ou* metis, *cf.*
v. 115) fai? — 70 *Corr.* L. carns? — 80 meng *ms.* meg *avec un signe d'abré-*
*viation sur l'*e. *De même v.* 119.

h

Ad vesperas.

Jhesus senher, rey poderos,
84 Per mi feyt paubre nesseros,
Que fust d'espinas coronat,
De lance ferit pel costat,
E de la crotz on fust pujat
88 A las vespras fust debalat,
Et en las mas de la vergina
Ta mayre, de gran dolor plena,
Fust recebut et alogat,
92 Et en sos sans brases (a)pauzat,
Senher, pre[c] te per cortozie (*sic*)
La tua mort a mong pro sia,
E la tua afflicion
96 Me gasanhe plener perdon,
Em fassa far ta volontat
Cum ab tu sia.   *Amen.*

Ad hora completori.

Jhesu Crist qui fust mejancer,
100 De Dieu et d'om[e] paz[i]er,   *f. lxxxxij* (16)
Que a Deu nostre deute paguest
E dels enferns nos delivrest
Ab lo ton sant sanc precios
104 Que sus la crotz besset per nos
On lo tong cors fu turmentat,
Apres el sepulcre pauzat,
(E) a la ora de la completa ;
108 E la vergis pura e neta,
Plena d'enguysa e marida
Era de dol e defalhida,
Ab las sanctas molhers ploran,
112 Planhen e greumens tormentan,
Per aquestes dolor[s] ,te) prec, se[n]her,
La mia arma vulhas prener

---

84 mi *est douteux; les deux derniers jambages semblent rayés.* Nesseros *est un adjectif formé sur* neciera *(Raynouard,* Lex. rom. IV, 308), *nécessité, pauvreté* — 89 *Corr.* vergena. — 94 mong, *le signe d'abréviation est après le* g, *néanmoins ce ne peut être que* mong. — 98 *La fin du vers manque.* — 100 *Les feuillets* xcij *et* xciij *sont à deux colonnes par page.* — 104 besset *pour* versest.

Cant sere mort ab tu metis,
116 Que est gloria de paradis.   *Amen.*

Senher Dieus, en la tua mang
Or es lo poder sobirang
Coman [io] lo meng [e]sperit
120 Que sia placent et grasit;
Tu, senher, m'as feyt e creat
Et en la tua mayson pausat,
Tot so quet vos potz de mi far,
124 Per quet prec nom vulhas dampnar,
Sitot m'ay gran re de pecatz
Parlat e feyt e cossiratz.
Tu qui m'as [tot] renovelat
128 Per lo batisme que m'as dat,
Ets payre de misericordia,
Nom laysses murir en discordia.
Donem so [que] tum prometust
132 Per lo profeyta cui dissu[s]t
Que qui [ton] nom aperara
Certanament salvat sera's).
Io, senher, mesquin pecador,
136 Aperi tu cum bon senhor
Quem deliures de mos pecatz,
Ma vita cumendan en patz;
Puis que lo die m'as gardat,
140 Gardam la neyt per ta bontat.
La tua graciam fay trobar,
Benadizer e tu lauzar.
Fay cum te serve dignament
144 Ara e tostemps ses falhiment,
Perque el teu regne entrar
Pusque tostemps mays [e] estar
Ab la comparrh[i]a eleyta
148 Que as triat a la part dreyte.

[Tu] senher, benigne e bon,
De mos pecatz m[i] da perdon,
Quar io, senher, song ton sirvent
152 Per far e complir ton talent.
Dius d'Iza[a]c, Dius d'Abra[a]m,

---

118 Or pour On, voy. le glossaire du poème de la croisade albigeoise. —
119 Ms. Comam. — 139 que, ms. qui.

Dius de Jacob, per merce clam
Aquest me sian pregadors
156 Enta tu e procuradors,
Cum pusque viver en aquest mon,
E puys anar on aquetz son.
Los sans angels pregui de Diu
160 Els archangels ab cor human, *a*
Que en lo nom del Salvador
Me garde[n] de tota eror,
E totz aquels quem sont amix
164 Gardem dins dels enemix.
A tu, diable enfernal,
Conjur per lo pay eternal,
Per Filh e pel sant Esperit,
168 Per que io sia benazit,
E per santa Maria mayre
De Jhesu Cristz nostre salvayre,
Per los quatre euvangelistas
172 Qui las obras de Diu an vistas,
E per las .ix. ordes reyals
On los angels son ordenatz,
E per los apostos glorios
176 Qui son .xij. e puis mays .ij.,
Per los quatre profetas majors
E per los autz .xij. menors, *f. lxxxxiij* (17)
Pous .cxliiij. milia
180 Ignoscens que canten tot dia
Un novel cant'z; de gran dossor,
Dizen *santus* a ta lauzor,
Per los martes, per los doctors,
184 Per las vergis, pels confessor[s]
Qui Dieu an servit dignament,
Gardan lo son comandament,
Que no age(n)s en mi poder;
188 Ne m[i] torbes de mon saber
Nem fasses degun [e]spavent,
Car son de Dieu humil sirvent.
Vet la crotz de nostre Senhor,
192 Fug, diable decebedor,
Del trip de Juda lo leon
C'a vencut per sa passion.
✠ santa, benezita sias

160 *Corr.* humiu; *cf. vv.* 39-40. — 164 dins, *corr.* d'ira. — 175 *et* 177 Per los, *corr.* pels. *ou* peus — 186 *Ms.* Gardam. — 194 C'a, *corr.* T'a.

VII. — LES HEURES DE LA CROIX

196 Car en tu fo pujatz Messias,
     Per cui nos em deredemutz
     E lo diable confondutz.
     Senher Dius, piatado(r)s payre,
200 E de tot cant es emperayre,
     Nom laysses far neguna forsa
     Que a la fin fossa retrayt
     De vezer [ta] cara pagada
204 Que es de totz bes abondada ;
     Aquim mie per ta bontat'z),
     Tu, senher, que tant m'as crompat,

     Senher Dieus trastot poderos
208 E de bontat fort abondos,
     Que na Susanna deliurest
     E del(s fals encart la gardest,
     E del ventre del peys(on) on ere
212 Jonas tragust a ferme tere,
     E Daniel, savi baron,
     Gardest del poder del leon,
     E de gran foc on eran mes
216 Deliurest los enfans totz .iij ,
     E se e can cujet negar
     Can so lo pregon en la gran mar,
     Tu, senher, me vulhas gardar
220 De totz perilhs e deliurar
     De fals crime, de fals encart,
     - De totz tribalhs de mala part,
     Car no say enta cui me don,
224 Saub enta tu qui es senher bon,
     Ni alhor non ay on anar
     On mi poguessa enparar.
     Era sias (?) Dieu ajudador,
228 Em fassas tenir en sa amor,
     Per que de tot abondament
     M'arma aia assaziament,
     Qui en perfecta trinitat
232 Es un Diu veray,adorat.

201 *Les rimes montrent qu'il manque ici au moins deux vers, à moins que ces finales soient corrompues ; à la rigueur on pourrait, au v.* 201, *proposer* faire negun fait.— 205 mie de miar, *forme béarnaise de* menar.— 217 *Corr.* E. S. Paul c. ? — 218 *Corr.* C. fo *et suppr.* lo. — 221 fals *est devenu presque illisible par l'usure du parchemin.* — 226 *Les deux premiers mots sont très douteux pour la même raison.*

    Senher Dius, la neyt pesaray
    De tu can me reysidaray
    Car es estat mon gardador
236 E mon leyal defendedor.   *d*
    Senher qui a comensament
    D'aquest jorn bon aveniment
    Me fe per ta bontat venir,
240 Gardam huey, senher, de falhir,
    Donam gracie per pietat
    Si quem garde de tot(z) pecat(z);
    Ma consensa me fe segura
244 De malvestat neta e pura,
    E fay me dreyture gardar
    En cossiran et en parlar
    Et en obrar dreyturerament
248 Si que a tu siau placentz,
    E que ma obra aia acaptat
    Per que venga a salvetat.

    Yhesu Crist es resusitat
252 Del sepulcre on fo pauzat,
    Qui fo sus en la crost pendutz
    Per que io fossa redemutz;
    Senher Dius, qui lo ton filh car
256 Tu fust per nos crucificar,   *f. lxxxxiij bis* (18)
    Per quel diable fos sobrat
    E nos del son poder gardatz,
    Donam gracie en queste vide
260 Cum pusque aver gloria complida,

    Senher Dius veray gardador,
    Deus, esperans en ta dossor;
    Senes tu no a fermetat
264 Neguna res ni sanitat.
    Senher, vulhes multip[l]icar
    Misericordi' e compassar,
    Si que per los bens temporaus
268 Io no pergue los eternaus;
    Los tos comandamens m'ensenhe

---

249 *Le dernier mot, très usé, est douteux.* — 257 Tu fust, *corr.* Tu fist ou Fezist? *A partir d'ici l'écriture change; cf. ci-dessus,* p. *lxxj.* — 262 *Ce vers, ajouté en interligne d'une autre main, ne donne pas un bon sens;* corr. Nos esperam?

E per los tos senders me mene,
Et endresels mes (*sic*) anamens
272 Segont los tos comandamens,
Per que neguna malvestatz
En mi no prenga potestat.

                    Amen. Amen.

Au v° du feuillet. lxxxxiij. *bis* (18) on lit cette courte et inintelligible formule de conjuration :

☩ Sanctus Demetrus ☩
☩ Catoto doate uticia ☩
☩ Recaficai .... [1] canculbii ☩

Hoc sanctum verbum destruit omne venenum. Omnia venena sunt capta azanan (?) juzata.

VIII

MYSTÈRE DE LA PASSION

Copié pour la Société des anciens textes.

(Fol. lxxxxiiij) *Aysi comesa la pasio de Jhesu Crist a sant Pey e a sant Johan, e disheron a Jhesu :*

Maestre, sius platz aturar,
Sos [2] autres te bolem demandar
Per so, seyher, car tu sabs ben
De tot lo mon com va ni ven,
Don tut fort nos merevilham ;
Del sec, seyher, te demandam
Per que ni quals es la rayzon
Que nasques sec en aquet mon...

---

1. *Quatre jambages surmontés d'un trait horizontal.* — 2. *Corr.* Ses

Fin, fol. clv (76) :

Disheron tos los apostos a Jhesu Crist :

Senher Dieu, vos siat lauzat
Que ansin annetz tos alegrat;
Tut crezem be per vertat
Que Dieus es verament resuscitat.

Can fo fenit, canteron los apostos :

Te Deum laudamus,
Te Dominum confitemur,
Te eternum patrem
Omnis terra veneratur.
Finita passionem Deus det vobis suam amorem.

Suit immédiatement *Daurel et Beton.*

So es lo romans de Daurel e de Beto, f° 76 v°.

I

[S]ENHOR], platz vos auzir huna rica canso?
Entendet la, si vos plas, escotas la razo,
D'un rich[e] duc de Fransa e del comte Guio,
De [D]aurel lo joglar e de l'enfan Beto
5　Que en sa junbentut tray t(r)an gran pasio.
Lo duc Bobis d'Antona (se) sazia en .j. peyro,
(Et) entorn lu son Franses, tuh li melhor baro,
Aqui fo lo coms Gui cui done Dieu mal do !
Cel que non na vila ne valor
10　Mas [que] sol hun ca[ste]l c'um apela Aspremont.
Lo duc pres lo pel ponh e mes lo en razo :
« Sira [coms] d'aut parayge, vos et mon paube hom,
« Be sai que et mos [hom] ses tota mentizo.
— Se[n]her, » dit G., « vers es, ses contradicsio.
15　— Lo meu alue vos solvi, e aujo [lolh] baro,
« E seret [vos] en gaun seg[n]er de ma mayzo.

RUBRIQUE. *Une première rubrique, qui a été barrée, était ainsi conçue :* So es lo romans de Beto e de Daurel. — 2 la, *ms.* le; si vos *doit être prononcé* sius. — 9 *Corr.* non ac ne vila ne honor ne maizo? — 10 sol *est en interligne.* — 15 *Lacune avant ce vers? Ms.* Lo menague vos sol ni e. — 16 en gaun *corr.* encar?

« Jurat mi companhia a totz jorns que vivo ab nos.
« Mas s'ieu prengui molher e nom venh enfanto,
« S'ieu mori denan vos, companh, ieu la vos do,
20 « Mos castels e mas vilas, ma tera e maio
« Vos solvi, bels companh, eus meti a bando.
— Senher, » dis lo coms Gui, « vos mi donas gran do, *f*° 7
« Et ieu pren lo, si vos plas, ab [ai]tal gaserdo
« Guidaray vostras ostz e[m] metray a bando
25 « Pertot on vos volres e lai on vos er bo. »
So respont lo duc Boves : « Lo sagrament farom »
Fai aportar .j. libre on lhi evangeli son,
Juran si companhia, lhi bauzo sus el mento
Can si foron juratz (juratz) amdoy li compa[n]ho,
30 E l'us ama per fe, (e) l'aute per trasiho.

II

Lo duc Boves d'Antona a fah lo sagramen
Ad Antona el palais si c'o viro .v.^{c}.,
L'us es fizels amicx e l'audre mescrezens.
.X. ans complitz estero en bon acordamen
35 E mesclero lor teras e lor ost assimen
Tro (que) Dieu tramés a Boves .j. gran isassamen,
Que estava el palaes ab lo mels de sa gen,
E jutgava .j. plah ; e veus vengutz corre[n]t(z)
Le messagie de K., dissen el païmen
40 E pueissas venc avan e saludet lo gen
Etz al pres per la ma e trais l'a parlamen :
« A vos mi trametz K., lo rey cui Fransa apen,
« Que vos anes a lui e vostre bevolen,

---

17 *Corr.* que vivrom? *cf.* farom, *v.* 26. — 18 *Ms.* si eu. — 18 nom est en interligne ; la lecture de ce mot, qui est presque effacé par l'usure, est douteuse. — 24 *Ms.* Gardaray. — 25 on, *ms* hom. — 28 *Corr.* si baizon el. — 36 *Corr.* t. Bovo. — 41 *Ms.* Etz apres avec al en interligne entre ces deux mots — 41 l'a, *ms.* lo. — 42 cui *ms.* a qui.

« Car tal plah vos vol far don tuh seret manenh. »
45 So(l) respon lo duc Boves : « Irai lei veramen
« E menaray Guiho mon compa[n]ho valen. »
Motz s'i fiza lo duc ; peuis lhin pres malamen.
« A vos, » fay c'el, (dona) « amix, donaray .j. prezen,
« Mon ric[he] pala[f]reu e mon destrier corren,
50 « Et anas vonh al rey cui gar Dieu de turmen
« Digas lhi qu'ieu verray abans del mes pasen.
— Senher, » dis lo mesag(i)e(r), « voste comandamen
« Faray mol volonties et gran grat vos en ren
« Del do que m'aves datz e de l'arculimen. »

III

55 Lo mesage de K. se pres a retornier;
Lo duc Boves d'Antona apela .j. trotier :
« Vay me ad Aspremon, no m'o uelhas tarzier,
« A mon companh G. c'a me venga parlier.
— Senher, » dis lo messauge, « so faray volontier. »
60 E vinc ad Aspremon dejos .j. olivier;
Aqui trobec G. lo trager lauzengier
Que jogava a taulas, e vi lo messagier.
« Senher, » dis lo messaige(u)s, « ab vos vol[rai] parlier.
« Say me evia lo duc, que li aves mestier. »
65 Lo coms G. apela Bertran, son escudier :
« Vay me metre la cela a mon [corren] destrier,
« Anem saber del duc que vol ni ha mestier. »
E [a]dobero se cadaüs vol[on]tiers,
E vengro ad Antona, sus el palais plenier.
70 E Bobes quan [lo] vi si lo vay abrasier :
« Dieu vos sal, amicx [Gui], e mon bon compag[n]ier !
« K. mannes mi manda qu'eu an ab lui parlier ;
« Menaray vos, companh, a Paris cortegier.

44 seret, *la leçon du ms. est obscure; il semble qu'il y ait* serē e.
— 52 *Corr.* message. — 53 grat, *ms.* grau. — 58 *Ms.* cam me. —
69 sus, *ms.* so. — 73 *Après* vos *le ms. porte les lettres* aycn *qui n'offrent aucun sens.*

— Senher, » [so] dis lo coms, « com vos plara si er. »
75 Lo duc Boves fo pres de la cortz ad alier
E fon en sa compa[n]hia .ij. melia cavalier,   f° 78
Lo ric[he] duc ac grah car va al rey parlier.
Abtan vec vos vengut denant [lui] .j. joglier,
E viueulet agradable e gueiamen (?) e clier,
80 E fo paubres d'aver, ma beis sa[u]p deportier.
Lo ric[he] duc d'Antona li pres a demandier :
« Cum as tu nom, amix ? (garda) no m'o ulhas celier. »
[E] Daurel li respon (li respon), que ho sap motz gensier :
« Senher, Daurel ay nom, e say motz gen arpier,
85 « E tocar vihola e ricamen trobier
« E son, senher, vostre om, d'un (ric) riche castelier
« Que hom apela Monclier.
— Amic, » so ditz lo duc, « per so t'en deh (may) amier ;
« En seta cortz ab meus volray mener.
90 — Senher, » [so] ditz Daurel, « ges no lei puesc alier,
« C'a[i]si ay ma molher e .ij. fils a cabdelier ;
« Non ay aur ni argen que lor pusca laysier. »
Lo duc Boves apela son vayley Aremyer :
« Amic, » so ditz lo duc, « fe quem deves portier,
95 « Gardas li sa molher, vestes la de bertz clier,
« E d'aquest .ij. enfans vos prec del norriger ;
« Tot aquo lor (me) donatz que sabran demandier,
« Ce el mon, per nulh aver, tu o pots trobier.
— Senher, » ditz n'Azemars, « Dieus vos lais retornier !
100 « Ja non auran frachura de re que puscam fier.
— Dauriel, » so dis lo duc, « tenes per cavalgier
« Aquest palafre blanc que beus poyra portier. »
Tal joia n'ac Daurel que motz non pot(z) sonier ;
Baysa s' al sabato, cujal lo pe bayzier.
105 Lo ric[he] duc l'en leva, bel fay a(pe)paregier.
« Senher, » so dis Guiho, « trop nos podem tradier ;

---

74 si er, *ms.* fier.— 85 *Corr.* [Cantar]e ? — 89 *Corr.* ab me v[o]s [en] v. ? — 91 *Ou* Ca[r] si ? *Le vers est trop long ; suppr.* e ? — 98 *Corr.* vos o podetz t. ? — 100 que, *ms.* qui.

« Bels amix duc companh, pensem d(el) esperonier.
Dresadas an las rennas e prendrois az anier, *f° 78 v°*
E vengro a Paris lo sapte a l'avesprier.
110 Lo dimenge mati can pres (can pres) a l'esclarier,
Lo duc Boves e G. se prendo a juster.

IV

Cadaün vest bliautz d'un bon pali de Tir ;
Lo duc Bobes d'Antona si fes Dauriel venir,
Vai ab el a la cortz e violar e bordir.
115 L'emperaire de Fransa, can vi lo duc venir,
Levais de la cadieura e va lo arculhir
E pres lo pre la ma, josta se l(o) fai sezir,
Mes li lo bras (sus) el col, e pueis [li] pres a dir :
« Coms, jes vos no sabes per que ieus ay fah venir,
120 « Mas sabres ho en breu ans qu'eu(s) vos lays(e) partir ;
« Ans que vos en tornes vos volray requerir.
— Sira, » lo dis lo duc, « so vos dei mol grazir,
« Bem podes enrequir mas vos ve per plazir. »
E Guis entendec o ; dis c'om nol pot auzir :
125 « Companh, per sela dona vos covenra murir. »

V

Grans fo la cortz en Fransa sus el palais ausor
Del [duc] Boves d'Antona e de l'empeyrador,
Tan duc, tan comte i ac, tan home de valor,
Avesque(s) e arsebes[que] de cavaliers la flor.
130 Lo duc Roulan i fo que es de gran valor,
Elh dotze par i foro que so de gran vigor.
Adonx dis K. magnes : « Escoltas mi, senhor ;
« Aminas mi seror genta : donar l'ay per amor

107 *Ms.* cophan. — 111 juster, *ms.* uister. — 119 *Ms.* ieu say.
— 120 *Ou a.* queus (vos) layse p. — 120 partir, *ms.* tornier. —
121 *Lacune après ce vers ? cf. v.* 125. — 123 *Ms.* plazer. —
133 mi, *corr.* ma, *et suppr.* genta ? *cf. v.* 141.

« Maritz lo ric duc Boves se [de] vos n'ay lauzor,
135 « E donar l'ay Peutieus, lo solier e la tor ;
« De Bordels atresi lo vulh faire senhor. »
E G. a dih tot suau cum fels e traïdor :
« Per aqueta molher molra el a dolor. »

VI

Pueisas escria K. magnes lo bavier ; $f° 79$
140 « Levas en pes, sira coms Olivier,
« Amena mi ma seror ab lo vi[s] clier. »
El la lh'amena ab(o) molt gran alegrier :
Ela fo fresca, fes la bel esgardier,
Sa color fresca com roza de rozier.
145 Lo rey si leva, vay Bobes apelier :
« Duc de bon aire, filh del   Augier,
« Levas en pes e prendes [a] molher
« Ma seror genta que (e)ieu vous vuelh donier. »
S[o] dis lo coms : « So fay mal refugier. »
150 Pren la lo rey ; .iij. ves lalh fay bayzier,
A l'arcivesque(s) (que) K. lalh fay donier ;
Las nosas fan sus el palais plenier ;
Ab mot gran joy los veiras ajustier.
So dis don G. lo tracher lauzengier :
155 « (Compans) per cesta dona vos vendra destu[r]bier !
— Ai ! sire duc, » dis K. ol vis clier,
« Mon gonfaino vous autrei per portier,
« E mas grans ost menar e capdelier. »
Lo riche duc li vay la ma baier
160 E pren lo gan de sa senha portier.
Lo duc sogorna .j. mes [tres]tot entier,
Pueis vay a K. ab son compag[n]ier :

139 bauier *ou* banier, *corr.* lo ber *ou* lo fier ? — 141 ab lo, *corr. al.*—143 fresca, *mauvaise leçon introduite ici par anticipation, cf. le v. suivant.* — 146 *Après del il y a un mot dont je ne puis lire la première lettre, qui est effacée ; le reste forme* anne ; *faut-il corriger* danes ? — 157 autrei, *ms.* autrie. — 162 *Corr.* ab lo seu c.

ROMANS DE DAUREL E DE BETO

« Reys, empeyrayre, de G. vos vulh preguier,
« Se mi amas, que lhui tengas en quier. »
165 So dis lo rey : « Far n'au mon cossilier,
« Per vostr'amor lo voldray fort amier. »
Lo riche duc tantost lo vay baier,
E pren cumjhat, (e) vay s'en ab sa molher;
E Daurel vieula e mena alegrier
170 Quel rey de Fransa li a datz .j. destrier.
Ar (?) s'en vai Bobes ab mot grant alegrier,　v°
Lo tracher G., cui Jhesu desamper!
A encobida na Esmenjartz sa molher.

VII

Lo ric duc Boves ab gran alegramen
175 Vay a Peytiey ab gran joi issamen,
E n'Esmenjartz ab la cara rizen.
Ela cavalga .j. palafre corren :
Cela ac d'ebori, lo pretral fo d'argen,
E so .ij. M. [tuh] cavaliers valen;
180 El tracher G. dis al duc belamen :
« Companh, » fay s'el, « diray vos mon talen :
« Bela es ma dona ab lo cors covinen,
« Daries m'en part si cu[m] m'aves coven ? »
Lo pros duc [Boves] li respon en rien,
185 Que nos cujava que i agues traïmen :
« Companh, pregat lo payre omnipoten
« Quem do la mortz tost et viassamen;
« Pueis l'aures vos, pus vos ve a talen. »
Lo trager G. respon entre sas dens :
190 « Ieu v'ausirai ab mon espieyt lozen. »
Tan cavalguero tro viro a prezen
Las autas tors de la cieutat valen;
E lhi borzes so a l'aculhimen,
E so .v. melia, cadaüs vestitz gen.
195 A molt gran joia intro al païmen,
Redon la viala e l'ausor mandamen.

E lo franc duc totas la forsas pren,
Las rendas dona al trachor mescrezen,
Tota la tera que viro a prezen,
200 Trastot Bordels a[b] l'apertenemen,   f° 80
Tro en Agen, a son comandamen.

VIII

Lo ric[he] duc fay la cort ajustar.
Abtant vec vos la mulher del joglar,
E Daurel vieula : ela pres a tombar,
205 Denan la dona gen si van deportar.
Bem plai al duc car los ve alegrar ;
Dis a la dona : « Molt fan sist a prezar.
« Daurel, » dis el, « a vos volrai donar
« .I. ric castel c'om apela Monclar,
210 « Prop es d'aisi : [tot] en riba de mar
« Que [sol] del port podet ondrat estar ;
« Tuh silh qu'en so sio a to mandar.
« Ab ta molher tu t'en vai lai estar,
« Tan can vieurat lo te vulh autrear,
215 « Apres ta mort a cui te vols donar. »
E[l] li a fah lo castel autregar,
A lolh lhieurat : veus pagat lo joglar.
E lo coms G., cui ja Dieus non ampar!
Pessa de l'aur e (de) l'argen amassar.
220 E lo duc Boves non o pot plus durar
Del goifano (de) l'empeyraire portar :
Can lo rey vol en [nul] loc cavalgar
Tramet per lui, e vai li ajudar.
.I. jorn lo duc fo [a]nat ribarar
225 E lo coms G. volia ab lui parlar ;
No l'i trobet, e si pres a passar
Don' Esmengars, gen lo vai covidar,
Sap quel duc l'ama e vol lo fort onrar ;
Pren la pel ponh, van s'en asetier,
230 En .j. escaun s'en anero parlier ;

« Dona, » dis el « nous o puesc plus celar :
« Amadaus ay, vulh vos merce clamar,
« Qu'ieu sia voste e quem vulhas amar.
« Colgas m'an vos ; no m'o volhas tardar.
235 — Glot, » dis la dona, « cum o auses pessar ?
« Lo duc vos ama e vos te fortz en car,
« E vos sercas col puscas galiar !
« Nuls hom de[l] mon en vos noi pot fier,
« Que lo duc Boves vo vulhas desond[r]ier !
240 — Dona, » dis G., « trop lo podes amier.
« Per cel senhor que(u)s fes en cros lievier,
« An[s] de .ij. mes vos faray anuier,
« Que ieu l'ausiray, (e) jes nom pot escap(ap)ier
— Glot, » dis la dona, « Dieus te puesca azirier !
245 « Per sol lo dih te farai anta fier. »
Or s'en vai G. que nois vol plus tardier ;
E lo franx duc si ve de deportier,
Vai lo falco e la perga gitier ;
E cant el venc fo aparegat de mangier,
250 Lava sas mas, vai se asetier.
La franca dona si pres fort a plorier,
Vi o lo duc e laisas del mangier,
Et ac tal ira que cujet enrabier.
« Dona, » dis el, « cous vei desconortier ?
255 « Qui vos a fah ira ni desturbier ?
« Fais o per so car vos cove laisier   f° 81
« Voste païs, Fransa descumpaner ?
« Dona gentiels, voles lai retornier ? »
So dis la dona : « Anc nom venc a penser,
260 « Mas sabres o a la taula levier. »
Cant ac manjat elal(o) va abracier :
« Ay ! sire dus, aiso vos vuelh mostrer
« Que lo fel G., cui Jhesus desampar !

---

235 et 244 Glot, ms. G. lot. — 237 Ms. sertas. — 242 Ms. amuier.
— 249 Corr. fo ora de m.? — 256 Fais o, ms. Fai so. — 262 mostrer, ms. mosstier.

« Venc non a gaire, no saup alres trobar,
265 « Mes m'a razo, quem cujet anta far;
« Mal li respozi, pres mi a menassar
« C'ausira vos, nolh podes escapar,
« La nost'amor el fara desebrar.
— Dona, » dis el, « nous volhas corossar :
270 « Anc non o dis mas per vos asagar
« Se ja nuls homs vos poiria enganar.
« Nuls homs non es qu'ieu pusca tant amar. »
Dieus! del franc duc cum s'i pot tant fizar!
Que jo neis l'ausis can fo ab lui cassar.

IX

275 Al ric duc Boves donec Dieus .j. efan,
Gran joia n'an li peti e li gran;
El l'en evia al palazi Roulan
Que l'en bateie ab gran alegramen.
Gen l'en batie car el es sos parens;
280 Bel nom li mes segon son essien :
Beto ac nom, que pueis [ac] gran afan.
Tramet l'al duc en .j. bresol d'argen
Et ab lui vengro .m. cavaliers valhen.
Fon recob(a)ratz ab gran alegramen.
285 Gran guah n'al duc, a Dieu grant grat ne ren ;
Be fo noiritz tan solamen .j. an ;
Pueissas li venc .j. [tals] desturbamen
C'anec cassar en Ardena la gran.
Lo ric duc Boves sezia en .j. banc,
290 Ab n'Esmenjartz la pros e la valhan;
Abtan vec vos .j. messagie corran.
« Cira, » fai s'el, « escoltas mo semblan :
« Ins en Ardena a .j. singlar tan gran
« Pertot los cas e dabant tot la glan,

268 *Ms.* la vosta mor. — 272 *Ms.* qui eu. — 274 *Corr.* Que Guis? — 293-4 *Lacune entre ces deux vers?* — 294 tot, *corr.* tol?

295 « Anc nulha bestia no vi de so semblan. »
So dis lo dux : « Irai la veramen,
« Sera cassat e farem ne prezen
« Aisi a la dona et a Beto l'efan.
« Yeu arai G. mon compa[n]ho valen. »
300 Can l'au la dona, si n'a mon maltalen
C'ab ambas mas en a romput son gan :
« Ai ! sire dux, per queus i fias tan !
« Anc nous amet ni (ja) nous ama nian.
« Ausira vos, ja non aures guiren. »
305 — Dona, » dis el, « dises voste talan.
« Non aur[a]i mal ni nulh desturbamen
« Tan cum el puesca, a tot lo mieu viven.
— Dieus ! » dis la dona, « aujas fulia gran!
« Mon essien n'aurai (ai) lo cor dolan. »
310 Lo riches dux apela .j. corran :
« Vai me per G. al castel d'Aspremon. »
E vai tantost e mol joliamen.

X

Lo tracher Gui es vengut de rando·
Per la causea, pesan la tracio, °82
315 C'ausiral duc can sera e venaro.
Ab tant intret el..... de Beto,
Bo[v]es lo vi e al mes a raro :
« Bel companh senher, .j. singlar casarom
« Qu'e[s] grans e fort, e nos conquerem lo. »

311 *La rime de ce vers ou celle des vers 310 et 312, est corrompue. Dans le second cas on rattacherait les vers 310-2 à la tirade suivante.* — 314 *Les vers 314 à 329 sont d'une écriture particulière qui ne reparaît en aucun autre endroit du ms.* — 315 sera, *corr.* er. — 316 *Après* el, *un mot comme* blalens *ou* blaleus. — 317 raro, *ou p.-é.* razo, *l'r ressemble à un z dans* tracio *(v. 314)*, intret *(v. 316)*, conquero *(v. 321)*, cramba *(v. 323)*, creras *(v. 328)*, vostre *(v. 329) ; pour* venaro *(v. 315) l'r n'est pas douteuse.* — 318 *Ms.* casarem, *cf.* farom, *v. 26.* — 319 *Corr.* lo conquerrom ?

320 Solh respons G. : « Senher, mot mi sat bo :
    « Non es tan fort que be nol conquero.
    « Aporta(ta)r l'em e dar l'em e Beto. »
    La richa dona de la cramba on fo
    A'entenduda de celui la raro ;
325 Estrens sos det[z] e rom son peliso,
    Apelal duc e baia l'el mento :
    « Bel dos amix, que Jhesu be vos do !
    « Non creras mia aquel trachor G. ;
    « Mal aia l'ora que vostre companh fo !
330 « Mala creires sel mescrezen felo.
    « Ausira vos, non aures gerizo.
    — Dona, » dis el, « ben tenes fol sermo ;
    « Mesclar nos n'em ieu e vos de tenso.
    — Senher, » dis ela, « mas a vos [so] sap bo,
335 « Anatz ab lui a Dieu benedisio ! »

XI

    Guis li a dih : « Sira dux, anem nos :
    « Fais encoblar los veltres els bracos,
    « E non aiam gaires de compa[n]hos,
    « Mas sol aiam .iiij. venadors bos ;
340 « E nos serem els destri[e]s coredors,
    « Ferrem lo porc, senher, et ieu e vos,
    « El tombara, non er tan vigoros. »
    Enten la dona que mala es la razos.
    Vai a la cambra, geta por sos botos,
345 Plora dels uelhs e rom sos pelissos ;
    Al duc amen(er)o son destier corredor.

XII

    E can lo duc volc el destrier montar,   v°
    Vec vos vengut Daurel, lo bon joglar :

---

321 es, corr. er, cf. v. 342. — 345 Ms. Ploro.

« Bel sira dux, be mi dei alegrar :
350 « .I. pauc filh ai, vuelh vos merce clamar,
« Queus plass(i)a, senhe, lo m'anes bategar. »
So dis lo dux : « Anas lo m'aportar. »
Vai lai Daurel, que o volc enansar,
A l'aporta[t] e vai lolh presentar,
355 E mes li nom Daurelet de Monclar ;
Pueis es montat e vol anar cassar.
La gentiel dona si vai [lo] duc baisar :
So fol darier que anc li poc donar :
« Senher, » dis ela, « Dieus vos lais retornar ! »
360 Lo pros dux [Boves] vai los cas apelar,
En Brunas Vals trobero lo singlar
Et anc pels [cas] no si denget levar.
Lo pros dux [Boves] fai los cas ala[r]gar,
Als venador[s] si fai los corns cornar,
365 El port si leva e fals esparpalhar,
.III. cans a mors ab la den maiselar
Et ieis del bosc ; en altre vai intrar,
So es Ardena c'om non pot adesmar ;
Los venadors lor covenc a laisar,
370 E dis a Guis : « Anem los encaussar.
— Senhe, » dis el, « bel podem trabucar. »
Lo pros duc [vai] aitan cum pot brocar,
Ab son espieut li vai tal cop donar
Per las esquinas quel fer ne fai passar,
375 Que los budels ne fai forras anar.
« Companh, » ditz el, « venes mi ajudar,
« Que aquest porc nois porra mai levar. »
G. venc tan tost cum pot esperonar,
E fer lo duc dejos per l'espaular,
380 Que son espieut lie fai d'oltra passar :
Apres lo porc fai lo duc eversar.
Lo duc s'esforsa, e cugas sus levar :   f° 83
El cors al fer, non pot en pes estar ;

366 cans, *ms.* sans. — 368 *Ms.* adesni ar.

De ginolhos comensec a parlar :
385 « Dona Esmenjartz, ges nous en puesc blasmar ;
« Se vos crezes ges no i pogra pecar.
« Tan gen, ma dona, m(i) prezes a castigar
« Qu'ieu mi laisses d'a[que]st Guiho amar!
« Ay ! cara dona, ben o vei averrar!
390 « Ay! fals companhs, be saps lausar :
« Me as tu mortz e non pas lo senglar.
« Ay! fals companhs, cum te pogis pessar
« Tal tr[a]siho ni cum la pogis far ! »

XIII

El franc duc [Boves] que era fort nafrat[z]
395 Dis al fals G. : « .I. petit m'escoltatz ;
« Gardas l'espieut del cor no mi tragas
« Tro qu'ieu vos diga, compays, cum(m)o fassas :
« D'aqueta mort sai que seret reptatz,
« Mas dirai vos, amix, cum o ffassatz :
400 « Las dens del porc mi metres el[s] costatz,
« E vost' espieut e vos el porc ficatz :
« Trastos diron pel porc soi afolat[z],
« Vos non seres dementitz ni tornat[z].
« Mos companhs eras e plevis e juratz ;
405 « Mortz m'as, companh, qu[e] ieu o sai asatz,
« Per ma molher que tan cobeutavatz.
« Si m'ajut Dieus nim perdo mos pecatz,
« Se m'acces dih que tan la volias
« Dada laus agra ab sas grans eretat[z] ;
410 « Oltra la mar ieu m'en fora passatz.
« Per Dieu vos prec que mal no lhi volhat[z],   v°
« Al bon rey K. e vos la demandat[z] ;
« Dar la vos a, car es pros ni orratz.
« De Betonet vos prec quel nosricatz ;
415 « E vostra cort, coms, seus platz, l'amenatz :

390 *Vers trop court,* be saps [tu] laus[eng]ar? — 401 vostes pieut.

« Neps es de Carles, no i seres dissonratz.
« De tot cant a la meitat vulh aiatz. »
G. lo regarda com leos cadenatz
E l[o] duc lui cum angils enpenatz ;
420 Dis lo fals G. : « De folia parlatz :
« Per sel senhor que fo en cros levatz,
« Ja no vieura .xv. jorns acabatz.
« Se en mas mas el pot esser bailatz,
« Nol pot gerir ni vila ni sieutatz.
425 « Ieu ai vos mort(z) ; el non es acabatz. »
E lo franx dux s'es vas lui regardatz,
E junh las mas : « Companh, si a vos platz,
« Ab de la fuelha e vos me cumergas.
— Per Dieu ! » dit Guis, « de folia parlas !
430 « More vos tost, per o trop o tarzas :
« Del cor del ventre vos farai .ij. meitatz.
— Companh, » fai el, « de folia parlatz,
« Del mal queus fi vos seret be vengatz :
« Prendes del cor, senhe, ni ne manjatz.
435 « Jhesu Crist senhe que en cros fos levatz,
« E denhes naiser per los nostes pecatz,
« Santa Maria (dona), ieu vos prec, si a vos platz,
« Mo filh Beto d'ente sas mas gardatz,
« E quer(e) vos quem perdones mos peccatz ! »
440 E l[o] fals Guis s'es de lui aprosmatz,
Trais ne l'espieut, el duc es traspasatz.   f° 84
Mor[tz] es lo duc, mai non er recobrat[z] !

XIV

El tra[c]her (G.) al porc l'espieut afigat,
Las dens del porc mes al duc el costat,
445 Pren lo costel, l'a menut pertuzat(z)
Coma cel porc l'ages [tres]tot mangat(z).

---

423 *Ms.* Se el en m. m. p. — 430 *Ms.* per .o.— 41° er, *ms.* es .
— 445 *ms.* percuzatz.

E lo fals G. a pueis lo [co]rn cornat,
Elh casador so vengut esclasat
E viro[l] dux mortz et aglaziat(z)
450 Et ac saunenta la cara el costat(z);
Nom meravilh se foro for[t] irat.
Lo trachor an tantost arasonat(z) :
« Digas, coms G., qui al duc afolat ?
— Senhors, » dis el, « pauc i ai guazanhat,
455 « Que perdut ai, segon lo mieu pessat(z),
« Mon bo senhor e mon companh jurat(z).
« Cant ieu vengui lo porc l'ac darocat,
« Escoisendut et aisi afolat.
« Ieu cant o vi ag[u]i lo cor irat :
460 « Feri lo porc et ai l'aisi plagat
« Que mon espieu li ai pel cors passat(z).
« Ai mortz lo porc el bon duc ai vengat.
— Fels, » so dis l'us, « be mal as espleitat,
« Quil duc as mort [trop] as fah gran pecat,
465 « Que tuh nosaltre ne serem [nos] reptat.
« Anc no fes porc la plaga del costat,
« Car be vezem que .j. palm a de lat.
— Amix, » dis el, « dizes ta volontat ;
« Non o pesera per cant Dieus a mandat :
470 « Vec del senhal quel porc i a laissat,
« E las .ij. dens li trobas el costat. »
Elh venador no i an plus demorat :
En .iiij. pergas an lor senhor pauzat,
E lo coms G., lo tracher renegatz,
475 Ri ne el cor, mas de gauh a plorat(z).

---

448 Elh, *ms.* E hi. *Ms.* esclasan.— 451 mervavilh, *la fin du mot est surchargée ; il semble qu'il y ait* mercaduis *ou* mercadais: — Foro, *ms.* fero. — 462 Fels, *ms.* sels. — 463 *Ms.* espeiatatz. — 464 *Ms.* Quel d. al m. — 475 de gauh, *le second mot est surchargé; corr.* de fors.

XV

      Lo trager G. trastoz premiers s'en cor,
      E venc premiers el destier salhidor.
      La franca dona fo el palais ausor
      Que a ausida lai fora la rimor,
480 E cor lai foras et ac tantost pahor :
      Troba G., garda lo per feror :
      « Digas, coms G., cum es de mon senhor?
      — Dona, » dis G., « mort es el bosc major;
      « Mortz l'al sanglar, al cor n'ai gran dolor.
485 — Mentit n'aves, en (ar) glot lausengador !
      « Cum as tu mort to natural senhor !
      « Lassa, caitiva, d'un renegat trachor
      « Que mi a tolta trastota m[i'] amor ! »
      Sospira fort e mena gran dolor,
490 Ca enblesmada de dol, (e) d'ira e de plor.

XVI

      Lo cors duc Boves van tantost aportar,
      Trastuh lei coro, et auzirat cridar
      E caras rompre, e cabelh destirier.
      Tan cavalier lei viras enblesmier,
495 [E] tan borzes lor vestirs esquicier,
      Tantas pros daimas lor caras sanglentier :
      Anc mai nuls hom no vi tal dol menier.
      Done Eimenjartz revenc de l'engoisier,
      E vi Guio decosta ce estier :
500 Garda vas lu, (tant) e pres a sosspirier;
      La franca dona non o pot plus durier :   *f° 85*
      Ad .j. borzes vai son coltel ostier,

---

486 Cum, *la dernière lettre est indistincte et semble être un* d.
— 491 Lo cors, *ms.* Lorc.

Cujal ferir, mas non o poc anc fier,
Que tengo la, no la volo laisier.
505 « Senhor s, » ditz ela, « volhas mi escotier.
« L'autrier mi venc, pres mi a menassier
« Qu'el me tolria mon senhor e mon pier :
« Aral vei mort, mos cors mi vol crebier.
« Vieus es Betos quel sabra be vengier ! »
510 Cor vas lo duc, vai lo pali levier :
« Senhors, » dis ela, « gardas que vos en par :
« Aquesta plaga no fo anc de singlar,
« Ans fo d'espieut, pel Senhor que fai parlar. »
Cant o ac dih, elais vai engoisar ;
515 De las carns primas fai las pessas levar;
Tuh la regardo e prendois a plorar.
Mai de .x. m. lau auzirat cridar :
« Ai ! senhe dux, anc no volgis menar
« Vostra mainada queus saubro ben gardar ! »
520 Abtan vec vos Daurel lo bon joglar,
Laissas cazer del bon destrier liar,
Getais s'a tera, que anc nois pot levar,
E cant revenc, e el pres a parlar,
Nostre Senher ne pres fort a reptar :
525 « Ai ! senher Dieus, aiso cum pogis far
« Aital franc dux d'aquest segle gitar !
« Qu'el mi donet lo castel de Monclar :
« Ieu n'era paubes, el mi fes ric tornar. »
Tan gran dol fai no vos o sai comtar.
530 Tres jorns lo tengo, pueis lo van sost[e]rar   v⁰
A Sant Alari, jostal corn de l'autar.
Dieus pens de l'arma ! or lo laissem estar,
Parlem de Guis cui Dieus puesca azirar !

510 vas, *ms.* vos. — 511 *Le ms. indique à tort, par une capitale, une nouvelle tirade.* — 513 *Corr.* per cel que ? — 515 levar, *corr.* lavar ? — 523 *Ms.* E tant reuenet. — 532 pens, *ms.* pres.

XVII

535
(E) can vi fels G. quel duc es sost(r)eratz,
Ad Aspremont s'en es tantost anatz :
Sos melhors homes a tantost apelat[z];
« Senhors », ditz el, « mon tesaur m'aportatz. »
Il lhi respondo : « Senher, cum a vos platz. »
Aportat n'an .xv. somies cargat[z].

540
« Baro, » fai el, « ades tot lom trossatz,
« De bonas armas vostes cors adobatz. »
.III.c. n'i ac fort ben encavalgat[z],
Ab las espezas, ab los ausberx safratz ;
G. los capdela, lo tracher renegat[z],

545
Tro a Paris el no s'es restancat[z];
Sus el palais a(b) K. es montat[z];
Lo rey lo vi et es en pes levatz,
Pueis li demanda co sai es aribatz :
« Com estal dux, lo mieus companh p[r]ivat[z]?»

550
G. li respon, lo tracher renegat[z] :
« Senher, » dis el, « malvazamen assatz :
« Mort es lo dux, le mieus companh jurat[z] ;
« Us fers singlars, que mala fos el nat[z] !
« L'escoisendec lo ventre els costatz. »

555
Au o lo rey, tot n'es enrabiat[z],
Bat ne las mas, apelais mal fadat[z],
Per mieh la cort s'en es gran dol levatz,
El dux Rolan s'en es tot esquintatz.
G. dis al rey : « Senher, set dol laissatz.   *f. 8o*

560
« Se per dol fos, per ver o sapiat[z],
« Tan n'avem fah que fora recobratz.
« Trazes vos sai, .j. pauc am mi parlat[z]. »
En .j. escaun se son asetiatz.

---

537 *Ms*. Snehors. — 539 n'an, *ms*. non *ou* uon. — 562 *Ms*. parlatz.

« Rey emperaire, .j. pauc me escoltat[z].
565 « Vostre tezaur auh dire que es mermatz,
« Que aves lo als logadiers donat[z] :
« Ieu los vulh creisser, senher, se a vos platz;
« Veus vonh lai foras .xv. saumies cargat[z]
« D'aur e d'argen qu'es fis [e] esmeratz. »
570 So dis lo tracher : « Ieu tenh las eretatz
« Qu'ero del duc que del segle es anat[z] :
« Reis, se vos plas, a mi las autreas,
« L'aur e l'argen vos er tot aportat[z].
« Das mi la dona, serai vostre conhat[z];
575 « Amar vos ai mai c'om de maire natz.
« Ieu so rix hom, be i seres onratz;
« Serai el loc del duc qu'es traspasatz. »
So dis le rey : « Bel prezen m'aportatz;
« Ades irem can nos cerem dinat[z]. »
580 Cant au l'aver que es tan desmesuratz,
Lo dol del dux es trastot oblidat[z];
L'aur e l'argent es trastot estugatz.
E lo rey crida : « Cavaliers, esselatz. »
Sol .c. n'i ac que so ab lui anatz,
585 Tro a Peutieus no si so restancat[z].
.I. cavalier es el palais intratz :
« Dona, » dis el, « e vos cossi estat[z]?
« Veus vostre frayre, encontra lui anatz. »
Cant (ela) o ausi sos cors n'es alegratz :
590 « Dieus ! » ditz la dona, « aras sai per ver(i)tat   v°
« C'aras mor[r]a lo tracher renegatz,
« E lo pros dux cre que sera vengat[z]. »
Don' Esmenjart dissen per los .x. gras,
Venc al rey K., los uelhs li a baiatz ;
595 El tracher G. es [en] apres montat[z],
Vi lo la dona, .iiij. motz a cridat[z] :
« Senher, » ditz ela, « bem petit mi amatz,

567 los, *pour* lo vos. — 577 qu'es, *ms.* quel. — 579 dinat, *au-dessus de l'n il y a* ei. — 593 .x. gras, *corr.* degras.

« C'aquel trachor e vostra cort menatz
« C'aucis lo duc can fo ab lui cassar,
600 « Que son espieut li fiquet pels costat[z].
— Senher, » dis G., « [vos] mai no lan crezatz :
« Ela es dona e ditz sas volontatz ;
« S'om m'o dises, bem fora adobatz
« De l'escondieire cant mi fora armat[z].
605 « Mos companhs era e plevit e juratz,
« No m'o pessera per .lx. citatz.
— Reis emperaire, so que eieu dic es vertatz,
« Que el l'a mort, et er be esproat :
« La fors el pla sial fuoc adobatz,
610 « Ieu passar n'ai, veja o tos barnatz;
« Se ja .j. pels es sobre mi crematz,
« Qu'eu sia asa, ja merce no m'agatz!
« Sem salve Dieus ni la mia verdat,
« Aquel tracer sia (a) totz rossegatz! »
615 So ditz lo rey : « Cest contendre laissas:
« Per tot aiso non er lo duc cobrat[z] ;
« El loc del duc Guis vos sia donat[z].
Au lo la dona, .iiij. motz a cridatz :
« Ai! senher reis, ieu vos (es) acosselhatz, *f° 87*
620 « Que pel ric duc .j. trachor mi donatz !
« Ben grans aver cre (que) vonh sia donatz.
« Aital ric rey si fo en bon ponh natz
« Que per aver de sa sor fai mercatz !
« Si Beto vieu, que es petitz assatz,
625 « Aquest mieu plah sera mol car compratz.
« Mortz es son paire e vos puois mi forsatz,
« Per drecha forsa a marit(z) lom donatz,
« Mas ja de Dieu gracias non aiatz !
« Fraire, » ditz ela, « cavalier mi donatz

606 citatz, *le mot est en partie surchargé : il paraît y avoir* cie etatz. — 607 *En interligne* dis la dona, *après* emperaire. — 613 verdat *ou* berdat. — 614 totz, *corr.* tost ? — 626-7 *Lacune entre ces deux vers?*

630 « Que mieu efanh trachor no sia apelatz,
« E mos coratjes tenrais mielhs per pagatz. »
So ditz lo rey : « De folia parlatz ;
« Mai val [us] coms que no fa po[e]statz ;
« Ieu vos do G., pregui [vos] quel prengas. »
635 Pueis li a dih : « Coms, dese l'espozatz.
— Senher, » ditz G., « volontiers, si a vos platz. »
Le rey meteis es sus en pes levatz,
Pren la pel ponh, .iij. ves lalh fai baiar.
« Fraire, » dis ela, « per forsa lom donatz.
640 « Dieus vos cofonda que en cros fo levatz !
« Flodres vos parga ans que sias tornatz ! »
E pren l'anel ab que l'a espozatz,
E lor vezen el fuoc l'[en] a getatz.

XVIII

Tuh la regardo li gran e li menor,
645 Non i a .j. nois plore de dolor,
Car a tos peza fors [de] l'emperador ;
No l'auzo dir, car de luy an pahor.
G. pren la dona a joi et a baudor
Et ela lui ab ira et ab plor.
650 Las nossas fan sus el palais ausor.
Vec vos vengutz Daurel lo joglar bo :   v°
« Dona, » ditz el, « donas mi mon senhor,
« L'enfan Beto ; (que) paor ai del trachor
« Que l'ausiza cum fes lo mieu senhor.
655 « Ieu ai Monclar, metrai lo en la tor,
« Noirirai lo ab joi et a[b] baudor :
« Entro que sia de mot granda vigor.
« Can lei sera ja non aura paor
« Que jal mi tuelha coms ni emperador. »

630 *Corr.* Tracher no sia mos enfans a. r — 631 tenrais *paraît être indiqué par le sens, mais il y a plutôt* temais *ou* temars. — 646 fors, *ms.* fort. — 651 *Ms.* Dauretz. *On obtiendrait une rime plus exacte en corrigeant* lo joglador.

660 La franca dona ac de l'enfan pahor,
Dis a Daurel, suavet, ab temor :
« Enviat l'ai ad huna ma seror
« Quel me noirira tro sia de valor. »

XIX

La franca dona es del mangar levada,
665 Ab tres comdessas en sa cambra es intrada.
Tant a batuda sa cara e gautejada,
Estors sos detz, e apelas mal fadada,
Que per la boca ieis la sanc macada :
« Lassa caitiva ! en ta mal ponh fui nada !
670 « Marit avia de que era pagada :
« Cel lo(m) m'ausis a cui ara son dada !
« Santa Maria, regina coronada,
« Das mi colssel, que non aia durada ! »
E respon li .j. dona privada :
675 « Ieu vos darai colsel se be soi escoltada :
« Vostre pauc filh fais noirir a selada,
« C'om non o sabra en aquesta encondrada.
« Can sera grans, venra ab ca[va]lgada,
« En pauca d'ora aura tera cobrada ;
680 « Vengar vos a d'aisel queus a forsada,
« P(r)endral trachor en pueh o en estrada. » *f. 88*
Ditz n'Esmengartz : « Be m'aves (a)coselhada ;
« D'aquest cosse[l]h mi tenh (fort) ben per pagada. »
Ieis de la cambra dolenta e irada,
685 Lo rey l'abrasa e puis l'a comiada.

XX

Lo rey s'en vai el tracher G. ab cls.

663 *Corr.* noirisca, *ou* noiriga. — 667 *Intervertir ce vers et le suivant ?* — 668 macada, *corr.* a rajada : — 675 *Vers trop long. corr.* Ieus [lo] d., *en supprimant* colsel : — 677 *Corr.* C'om n'o s. *ou* nol sabja :

Qu'el le ssolassa tro es vengutz lo ses.
La franca dona trames per .j. borgues
Que amix era del ric[he] dux marques,
690 Et el venc tost, que anc (pon) falha no i fes.
« Senher, » ditz ela, « cauzimen e merses.
« Socores mi, que grans mestiers mi es.
« Fort vos amava lo pros duc que mort es ;
« De son pauc filh cauzimen vos prenges :
695 « Vel vos aisi en .j. pali gre[ze]s,
« Ben o sabes que voste senhor es ;
« Socores li e non o triges ges.
« Se sa l'atroba lo tracher, mal l'a pres :
« Ausira lo, non escapara ges. »
700 El li respon : « Dona, si vos voles,
« Noyri farai ins e mar el gras ;
« Non intrara tempesta ni fret ges,
« Vens ni gelada ni nulha mala res ;
« Dar l'am noirisa tal que bona res es,
705 « Una ma filha que sos maritz mort es,
« E lo cieu efas, que no l'alaita ges,
« Celal tenra, que d'efan non a ges.
« Mos magers filh que es pros e cortes
« Lor portara lor ops e lor conres,   v°
710 » Nolh falhira neguna mala res. »
La franca dona lin ret grandas merses :
« Prendes lo donc e gardas qu' en fares. »
E si lo pren aquel ric[he] borges,
Dedins la cambra cum se panatz l'ages ;
715 Ben tost l'enporta en [l'] irla demanes ;
N'Aisilineta que mol jauzenta n'es
Noiri l'enfan tan solamen .ij. mes.

700 voles *ou* boles. — 701 *Ce vers commence par un mot effacé et récrit d'une manière trop confuse pour pouvoir étre lu*; corr. Noyrirai lo ins e[l] m. que grans es. — 704 *corr.* Dar l'ai. — 710 mala, *corr.* bona, *ou* No i intrara *au lieu de* Nolh falhira :

XXI

Al filh del duc an facha tal maio
Dedins non a (ni) lata ni cabiro,
720 Ans es en mar on las grans ondas son,
En .j. roca on sol estar lo leo,
Am bel mur fah de porta de viro;
No i intra aiga ni tempestacio.
N'Aisilineta, cui Jhesu Crist ben do!
725 Molt gen lo bauza cant es ben de sazo,
Pueis lo evolopa en .j. bel cisclato,
Pueisas li vet [un] ermi pelisso,
Et en aprot elalh ditz .j. bel so,
Bauzan los uelhs e tota la faiso,
730 Et prega Dieu que longa vidal do.
Aisel enfan noiri hom a lairo,
Mas lo borges e cel de sa maio
Pro lei aporta vi e pa a bando,
E draps de Fransa [on] colque l'enfanto.
735 Laizem l'estar a Dieu benedisio,
Parlem del trage de Guio.
« Dona Esmenjartz, ben aves lo cor felo,
« Car vos per mi m'aves fugit Beto ;
« Tan l'am cum vos, se Jhesu Crist bem do. *f° 89*
740 « Fais le aportar e gen noirirem lo,
« Tota sa tera pueissas [nos] li rendro.
« Gran be mi fes lo duc, rendrai lin guazardo. »
Estai la dona que no i dis oc ni no,
El cor sab be c'aisi a trasio.

721 lo leo *ou* lolco ? — 722 *corr.* de torn e de viro? — 731 *Corr.* Aisi l'? — 736 *Ligne ajoutée en interligne, d'une écriture contemporaine, peut-être par le copiste, pour remplir tant bien que mal une lacune que le sens indique ici.* — 741 *Ou* li rendr[a] o[m] ? — 742 *Corr.* Bem f. ?

XXII

744 Pueis li respon : « Mas tan lom demandat[z],
« Ben es raizos que vos o sapiatz :
« Non a encaras .vij. dias acabatz
« Qu[e] ieu Beto me trobe mort delatz;
« A Sen Alari es l'enfan sosteratz,
750 « E cel voles (vos) laïns lo demandatz.
— Dona, « dis el, » largamen traspasatz,
« Que de mentir vergo[n]ha non agatz.
— Fels coms,» ditz ela, « per que [mi] contrastatz?
« Major mensonga vos a mi finavatz,
755 « Qu'ieu sai lo be e que(s) ne vorriatz,
« Que aucizes lo duc que dezias c' amat[z].
« Ja non aures (de mi), so vulh que sapi[a]tz,
« Bona molher aitan can jaus vivas,
« Car ja tracher non deu eser amatz. »
760 Iratz fo G. et es en pes levatz,
.I. espero[s] de fin or ten caussatz
Pren la pels cavelhs, tan colps li a donatz
Quel vermelh sanc ishi [l'en] pels costatz.
« Fels, » dis la dona, « prec vos mon ausigatz.
765 « Vieus es Beto, per ver o sapiatz,
« Laïns en Fransa es l'enfan noirigatz;
« Cant el venra voste jorn er propchatz,
« Pessa e pessa ne seret desmenbratz.»
Ieis de la cambra lo tracher renegatz,
770 Sos cornadors n'a a se apelatz :
« (Vai) baro, » ditz el, « per la tera cornatz
« Que si Betos es en loc atrobatz
« Que a mi sia [tot] ades aportatz;

756 lo duc, *corr.* cel ; — 762 *Corr.* la pels *en* l'als, *cf. Lex. rom.* II, 6 a. — 764 mon, *corr.* no m', *ou peut-être* vos m' ;

« Qui quel m'aporte no s'es pas destrigatz :
775 « .M. martz d'argen lin pagaram e patz. »
Et elh o cornon per borc e per cieutatz,
Cum si Beto fos .j. laires proatz.
So fo .j. jorn qu'endevenc per pecatz
Que .j. pescaire fo ins en mar intrat[z],
780 Ebratz ac nom lo tracher renegatz,
E venc tot dret on Betos es entrat[z];
Fer a la porta et es intrat viat[z].
E n'Aissilina tenia l'efant el bras ;
L'efan risia, qu'era gen alegrat[z] :
785 « Dieus vos salv, dona, que vos tan gent obratz
« E [com] molher aitan gen noirigat[z]. »
Elal saluda et alh los uelh baisatz :
« Senher amix, vas Dieu vos regarat[z] ;
« Cest pauc efan per amor Dieu selatz,
790 « De lui vos prenga merse e piatatz,
« Qu'e[s] vostre senher, valha li fizaltatz,
« Car orphes es es piatatz asatz ;
« Agardes lo cossi es faisonatz !
« Grans pecatz er si el es afolatz ;   f° 90
795 « Cum [el] a fresca la boca e la fatz !
« Filh foc del duc, so sabem qu'es vertatz ;
« Si al trachor, senher, l'enseg[n]avatz,
« El l'aucir[i]a, car vas lui es iratz.
« C'el vieu a longas vos seres ric asatz,
800 « Qu'ieu li diray cum fo per vos trobatz.
« Per vos es mortz o per vos aribatz.
— Dona, » ditz el, « de folia parlatz :
« Mosenher es, noil faria falcetat ;
« Estais ben, domna, gentamen lo gardatz,
805 « Pro beves, domna, e be vos alegratz,
« Qu'ieus portaray tot so que vos vulhatz. »
E n'Ayselin(et)a porta l'efan el bras :

783 el, *ms.* le. — 791 senher, *ms.* senhor. — 797 Si al, *ms.* Ay.

« Ebram, » ditz ela, » aquest efan tocatz :
« May ne valres aytant can [vos] vivatz. »
810 E leval pali, l'efas ris li assatz ;
E dis la dona : « Ebram, ar esgardas :
« Anc may nous vi, tan gen s'es alegratz ! »
Respon lo tracher : « Per mi er molt amatz. »
Entre sas dens dis lo vilas malvatz :
815 « .M. martz d'a[r]gen ay uei en mar trobatz. »
D'az els se part(z), e[s] s'en corren anatz.

XXIII

Lo fels pescayre, cui Jhesus desanpier !
Entro a Guio no se vols estancar,
E cant el venc Guis volia manjar,
820 Garda avan e vi Ebrart intrar :
« Senher, » ditz Ebrartz, « ab vos volria parlar ;
« D'aquest Beto cant me volras donar ? »   vº
Guis ac tal gauh c'a penas pot parlar :
« .M. martz d'argen, tan cum ay fah cridar. »
825 — Senher, » dis el, « fais los me afizar.
— Amix, » dis el, « so m'es fort bon a far.
— Daurel, » ditz Gui, « puec me en vos fizar ?
— Ostat ! bo senher, cum o pogues pessar ?
« Non a home el mon qu'ieu tan puesca amar.
830 — Ad aquest home me volhatz afizar
« .M. martz d'argen abans de l'avesprar,
« Si el me pot Betonet ensse[n]har. »
So dis Daurel : « Ieu li faray pagar. »
Ebrart li ditz : « De faren re magar :
835 « Vos me siatz a la riba de mar,

---

817 fels; ms. fers. — 821 *Substituer* el *à* Ebrartz *et* volrai *à* volria ? De parlar, il ne reste que le p, le reste a été rogné.— 829 Non a, *corr.* N'a. — 834 *Corrompu ?* — 835 siatz, il y avait d'abord seres, qui a été raturé ; l'impér. d'esser ne se pourrait admettre qu'en corrigeant le vers (par ex. ab au lieu de vos). C'est probablement le subj. de segre.

« Qu'ieu l'i trobe cant anava pescar,
« Qu'(el) es rescondutz, bel sabray ense[n]har. »
El pros Daurel vay son caval selar ;
Tro a la mar no si volc restancar,
840 Venc a la riba, non pot d'oltra passar :
« Jhesu Crist senher, tu quim volguist crear,
« Das mi cosellı cuṁ lay puesca intrar,
« E mo senhor puesca de mort garar. »
Lo joves hom que lor porta a mangar
845 Ven s'ab sa nau e pres a aribar ;
Daurels lo vi e[l] pres a [a]pelar :
« Amix, » ditz el, « vinet am mi parlar,
« Sem pasat d'oltra ben poiret cavalgar,
« Que ieu[s] donaria aquest caval liar,
850 « Quel filh del duc vol ducs Guis afolar. »
Lo joves hom si pres fort a plorar :   f° 91
« Senher, » dit el, « pessem de l'espleitar. »
Abtan Daurel ven s'a la nau intrar.

XXIV

Ab mol gran cocha s'en so d'oltra passat,
855 E n'Aicelina Daurel n'a rayzonat :
« Senher, » ditz ela, « cum vos vei esclesat !
« Frayre amix, que l'avetz amenat ? »
— Bela sor dona, ades vos er comtat. »
So ditz Daurel : « Ieu ne diray vertat ;
860 « Lo fil del duc say a G. espiat :
« Vendut loilh a lo [fals] pescaire Ebrar ;
« .M. martz d'argen lh'en ai ieu afizat
« Tot per Guio, a la sua volontat.
« D'aqui enant ay tan Dieu reclamat

---

849 donaria, *corr.* donarai, *comme au v.* 821. — 854 *Les finales des vers* 854-5, 857-60, 861, 865-6, 868-9, 872-7, 883-4, 886-8, 890-6, *sont terminées par un z ou par un trait abréviatif joint à la barre du* t.

865 « Quel mi mostres per la santa bontat,
« Gran gauh ai, dona, quar [aici] l'ay trobat.
« Bailatz lo mi que trop sai [ai] estat.
— Senher, » dit ela, « e fol m'avet parlat,
« Ab lui mor[r]ai, c'aissi m'es destinat. »
870 Tuh trei si prendo quant an l'efan gardat,
E ve[n]c enant Daurel [e] al rapat,
Fuh s'en ab el cum se l'agues panat,
Mol corren d'oltra son ambidoi passat ;
Remas la dona, que i fero gran pecat.
875 Ela fo lassa : quant ac .j. brieu plorat,
Adurmis se, que la nueh ac vilhat.
E Daurel pueja ; tant a esperonat
Qu'a son caval ne sancno lhi costat.
E l'efas plora (ce) et el l'a acabat :
880 « Ay! mon pau senher, ta lueinh vos ay cercat ! v"
« Dieus cre queus aga a bon port aribat. »
Tro a Monclar non a regna tirat.
Sa molher genta si li a demandat :
« Ay! Daurel senher, cum vos vei ta lassat!
885 — Dona, » ditz el, « que bona fui a[n]c nat,
« Lo fil del duc vos ay ieu aportat,
« Qu'en una riba l'ay, ins e mar, trobat ;
« Vel vos ayssi ; » els bras loilh a pauzat.
Quant elal ten(e)c a .j. sospir getat :
890 Garda vas cel, an mol fort Dieu lauzat.
So ditz la dona : « Ben es endestinat :
« Mortz es mosenher, aquest avem cobrat,
« Cest er noiritz a forsa o a grat. »
Met l'e la cambra et a lo asadat.
895 Lih fil Daurel s'en son tant alegrat
May que s'aguesso tot l'aur del mon trobat
Tuh n'an gran gauh e tenos per pagat.

872 Cf. v. 714 — 877 tant a, ms. a tant. — 878. Qu'a, ms. Eua.
— 879 acabat, corr. apelat. — 882 tirat, ms. triac. — 887 Ms. Que
nuna. — 887 riba, corr. irla ? — 889 elal, ms. ella.

De la noirissa foro mal oblidat,
Qu'en fon destreta a tort e a pecat.

XXV

900 Lo tracher Gui leva tost del mangar :
Ebrart, » ditz Gui, « er es ora d'anar.
— Senher, » dis el, « no i a re que tarzar. »
A celas crido, (et) e van si adobar.
.III.c. n'i ac pel filh del duc cassar,
905 Pro n'i ac d'els que y fa forsa anar.
Tro a la mar no [se] van demorar, /° 92
Trovo la nau e van d'oltra passar.
Vengro dreh lay on l'efas sol estar,
El tracher Gui va la dona abrasar :
910 « Amiga dona, que vos a fayta plorar?
« Dat me Beto, no lom volhatz selar.
— Senher, » ditz ela, « laysat me rayzonar.
« Per [Deu] del cel nol vos puec ges baylar,
« Que maroniers say vengro aribar,
915 « Et an lom tolt, (e) van s'en ab el per mar,
« Per som vezet aissi desconortar. »
So ditz lo fels : « D'alreus er a parlar ! »
De grans espinas si fay pro aportar,
A eis Ebrart, las fay fort aguzar,
920 Per las tetinas l'en comensa a ficar
Que .c. aüdas lh'en fes laïns intrar,
Que sanc e lah mesclar ragar.
La franca res comenset a cridar :
« Ay ! senher Gui, nom volhatz afolar !
925 « Daurel l'enporta, nous say plus esenhar. »
So dis lo tracher : « Aisso vertat mi par,

---

901 er, *ms.* et. — 907 Trovo la nau, *ms.* Tremolauan. — 910 que vos, *prononcez* queus. — 913 *Ms.* Per cel del cle *ou* cl'e nol. — 914 maroniers, *ms.* mardriers. — 922 *corr.* E s. e l. mescladamen :

« Qu'encuei nol vi a la taula manjar.
« Baro, » dit [el], « anem nos albergar ;
« Vespres [es] bas, non avem que mangar ;
930 « Al bo mat[i] nos n'irem a Monclar.
« Mas si a l'efas, on lo poirai trobar,
« Nuls hom del mon no lom [pot] escapar.
« Ad Aspremon estarem al colgar. »
E n'Aicelina, cui Jhesu [Crist] ampar!   v°
935 Tant fo batuda queil n'ac obs a portar.
Sos frayre venc prop del vespres sonar
Aporta lan, que tant la pot amar ;
E lo borgues vi sa filha entrar
Ta mal menada que s'en pres a plorar :
940 « Jhesu Crist senher, de Betos vu(l)eil pregar,
« Que vos, senher, lo volhat de mort garar! »

XXVI

Lo tracher Guis s'es be matis levatz,
.C. cavaliers (Guis) dels meliors a triat[z].
« Baro, » dys el, « ades vos adobat[z]. »
945 Elh lhi respondon : « Senher, cum a vos platz. »
El pla amen(er)o los destiers sojornatz,
Et cilh i monto per les estrieups dauratz.
El prumier cap foc Guis lo renegatz,
A Monclar vengo quant meydia fo pasatz,
950 Als pes del mur de Daurel aribatz,
El veltitz e de voltas talhatz,
A y .iij. tors ab [los] denteilhs cayrat[z],
Ja per nulh home non er pres ni forsat[z].
La porta es clauza, Guis lo[s] a apelat[z],
955 Et eilh l'entendo e foro esariat.
Dizo siei filh : « Payre, vas lui anat[z],

940 Betos *pour* Betos, Beto vos. — 941 *Corr.* Que lo volhat senher? — 944 dys el, *ms.* dy cel. — 951 *Corr.* El [es] voltitz? *Les deux hémistiches se répètent.* — 955 esariat, *corr.* esmaiat? — 956 siei, *ms.* sielh.

« Per nulh home aquest enfan noilh rendat[z];
« Aur e argen avem nos pro assat[z].
— Ay! mieu bo filh, tan gentamen parlat[z]!
960 « Ieu issiriey; vos las portas sarrat[z]:
« Per nulh destret que vos far mi vegat[z]
« Mon car senhor vos no li prometat[z].
« [E] s'el m'auci, diray vos que fassat[z] :
« Tenetz vos be trol jorn sia passatz : f° 93
965 « Quant sera nueh de las cordas aiatz,
« Per mieh la roca ins e mar vos n'intratz,
« Ab la naveta mosenhor ne portatz,
« E lai(s) on Dieus volra (bels fils) vos aribatz. »
Daurel ieis forras, el lh'an l'us estanquat(z).
970 E Guis li ditz : « Mos amix vuelh siatz;
« Dat mi Beto qu'e(u)s laïns albergatz,
« E dar vos ay .j. de mas sieutatz.
« Far l'ay noyrir: per mi er mot amatz.
— Se[nhe]r, « ditz el, » per ver o sapiatz;
975 « Nol vos rendray per aver que aiatz,
« Se pessa e pessa [tras]tot mi pessejatz.
« Mosenher es, e noirir l'ai em patz. »
E lo fels Gui .iiij. motz a cridatz :
« Miei cavalier, lo castel m'abrazatz. »
980 Li cav[a]lier volo far so mandat,
Prendon del fuoc, mas Daurel ditz : « Estatz,
« Intraray lai, aportar l'ay viatz. »
E Guis respon : « Beus es acoselhatz. »
Lo pros Daurel es el palais intratz,
985 E lo fels Gui remas forras irat[z].
Daurel si es el banc asetiatz,
Plora del vuelh, a sos cabelh tirat[z],
Tant s'a batut lo pieh e lo[s] costat[z]
Que per la boca lh'en es lo sanc ragatz.
990 Aiso ditz el : « Cautieu, malayratz,
« Ta mala fuei en cest loc aribatz! v°

957 Corr. P. home nuih est.

« Selh do l'enfan tost sera(y) pessegatz,
« E s'ieul retenh, el er saïns crematz. »
Ploro li filh e cason esblasmatz;
995 La molher plora, venguda lh'es de latz :
« Amix, » dit ela, « fort vos desconortat[z].
— Oi eu, ma dona, que mala fui anc natz;
« Ben conoc aras que soy descoselhatz.
« Amiga bona, quinh cosselh mi donatz? »
1000 Ditz Biatris : « Filh e vos autres
« So qu'ieus diriei e vos altres fasatz. »
Tuh li respondo : « Dona, quens so celat[z]?
« Que anc digas veus nos aparelhatz,
« Nos o farem si cum vos comandatz.
1005 — Vec vos aissi aquest efan que jatz :
« Vostre frayre [es] e mos filh propiatz,
« En una nueh ambidoi foro natz,
« Batejet lo lo duc qu'es traspasatz;
« En aicel pali e vos l'evolopatz,
1010 « E Betonetz el bresolet colgatz,
« E nostre filh al traïdor portat[z],
« E de luy fasa totas sas volontatz :
« Morra mos filh, mosenher er salvatz! »
Tuh tres respondo : « Dieus ne sia lauzatz!
1015 « D'aquest coseilh bens tenem per pagatz. »
Daurel icis foras, so filh porta el bras;
L'efas fom bels, car fon be aleutat[z].
Daurel dit a Guis : « L'efan m'aseguratz,
« Que negun mal vos noqua lhui fassat[z]. » f° 94
1020 So ditz lo tracher : « Ben per ver sapiatz
« Noilh farai mal, ans sera be gardatz. »
Daurel loilh baila et el lo pren viatz,
Descubri li la cara e la fatz :

1000 *Le vers doit se terminer vraisemblablement par* aujatz, *mais* vos autres *doit s'être introduit ici par anticipation de la leçon du vers suivant.*— 1002 quens *ou* queus; so, *corr.* o ? — 1011 *Ms.* Ennostre; *p.-é.* Est n.? — 1018 *Corr.* « Guis, » dis Daurel. — 1019 lhui, *ms.* lhiu.

« Beto, » ditz Gui, « bem m'erat escapat[z],
1025 « Em breu de temps seres be noirigatz.

XXVII

« Daurel, » ditz Gui, « ja mai nous puec amar;
« Mon enemic me voliat celar.
— Senher », dis el, « dretura m'o fes far,
« Que so senhor deu hom tostemps amar. »
1030 So dit lo tracher : « Gardat qu'en volrai far. »
Pren lo pels pes, dona ne a .j. pilar,
Amdos los ueilh li fes del cap volar,
E las servelas trastotas escampar.
« Beto, » dit Gui, « ben puec [aras] estar,
1035 « De vosta partz nom cal ja mai gardar. »
Tuh cil que i sso non o podo durar,
Quobro lur caras e p[r]endois a plorar,
E Guis s'en vai, es partitz de Monclar.
Dis l'us a l'altre : « Vejatz que vos en(e) par!
1040 « Jhesu Crist senher, cum o podes durar? »
E Daurel vai son efan ajustar,
En .j. bel pali l'a fait evolopar;
Se fo iratz no vos o sai comtar.
Tro a Peutieus no si vol estancar.
1045 Don' Esmengart au de son filh parlar,
Que Guis l'a mor[t], e pren gran dol a far :
Vec vos Daurel que venc al comensar,
Porta l'efan e va l'al pla pauzar,
Tuh lo regardo e prendois a plorar;
1050 Dona Emengart volia enblamar,   v°
Lo pros Daurel si la fai confortar,
Trais la vas part, (e) pres li merce clamar :
« Domna, » dis el, « nous cal desconortar,
« Qu'ieu l'engeriei, per los ueilh que vos gart,
1055 « Que mos filh era : ieu l'ai fah cambiar.
« Mort es lo mieus, (e) fas (e) lo vostre alachar;

1056 *Le premier* e *est ajouté en interligne.*

« Prendet vos garda del castel de Monclar,
« C'ap vostre fil m'en irai oltra (la) mar;
« Mon essien nom veires retornar
1060 « Tro qu[e] el pusca sos garnimens portar. »
La franca dona lo vai .iij. ves baizar:
« Compaire senher, Dieus vos capdel eus gar!
« So aves fait que a[n]c hom mai non poc far,
« C'om des so filh per so senhor salvar. »
1065 La dona vai so filoilh esgardar,
Conoc lo be, fai lo dol espasar,
Non vi tant gran dol per .j. filh de joglar.
Apres lo duc va l'efan sosterrar :
Per luy es mort, ben deu ondrat estar.
1070 El pros Daurel torna s'en a Monclar,
Tost e vias vai las naus adobar ;
Pro i a mes a beure et [a] mangar,
Met i sas armas per covinen estar,
Arpa e vihola i met per deportar,
1075 .I. noirisa per l'efan noirigar,
Son palafre e son caval liar,
Son escudier no i vol ges oblidar,
Sieu dos filhs se prendo a plorar.
D[r]esso lur velas e prendois ad annar.
1080 E sa molher vai e la tor montar,   f° 95
Aitant l'esgarda cum lo pot esgardar,
Pueisas si pres molt fort ad esmagar :
« Lassa ! caitiva, que poirai aras far !
« Mort es mos filh, nol veirai recobrar ;
1085 « Mon pauc senhor aras ne vei anar,
« E mo marit quem degra capdelar ! »
Laissais cazer, que anc non poc levar,
Tro que siei filhs la vero ajudar,
E mori se, que Domidieus [l'] ampar!

1067 *Corr.* tant gran *en* tal? — 1067 de joglar, *ms.* degolar. —
1068 sosterrar, *ms.* sostrerar. — 1074 *Ms.* A. i met et v. —
1078 *Corr.* Andoi soi filh? — 1079 ad annar, *ms.* an adnar.

1090 Laisem Daurel e Betonet estar,
E si parlem del senescalc n'Azemar.

XXVIII

Dona Esmengart apela so sirven :
« Bai me a n'Azemar, que a mi benga parlier,
N'Azemar es que es vengut corren,
1095 E venc ploran, sos uelh muelha soen :
« Domna, » ditz el, « molt ai mon cor dolen
« De Betonet que es mortz veramen :
« Mort lo vosz a lo tracher mescrezen.
— Amix, » dit ela, « non aias espaven,
1100 « Qu'ans es be vieus, se Dieu(s) plas, veramen :
« Daurel l'enporta per mar alegramen ;
« De son pauc fil n'a fah cambiamen.
« Monclar vos mete e vostre cauzimen,
« Lai so li filh que estan maridamen ;
1105 « Vec vos aisi pro aur e pro argen,
« Et estables la tor el mandamen ;
« Pro lai metet sivada (seguel) e formen, v°
« E carns e vis e neulas e pimen ;
« Tro a .xv. ans lai metes fornimen,
1110 « Quar ans de .xij. ans lai seres mai de cen :

1091, 1093 Azemar, *prononc.* Aimar. — 1092 Esmengart. *ms.* Emesgart. *Le sens général et la rime indiquent qu'une nouvelle tirade commence à ce vers, bien qu'il n'y ait ici dans le ms., non plus qu'en maint autre endroit, aucune marque qui indique une coupure. Toutefois, je ne vois pas le moyen de ramener le v. 1093 à la rime en en. On pourrait plus aisément rattacher les vers 1092 et 1093 à la tirade précédente, en corrigeant ainsi le v. 1092 :* Esmengart vai son sirven apelar — 1094 es *a été ajouté en interligne. Il serait mieux placé au commencement du vers et aurait alors le sens d'ecce. Au lieu de* vengut corren, *le copiste avait d'abord écrit* pros e leugier, *ce qui est la fin du v. 1126.* — 1107 *Corr.* [fen] sivada e f. ? *cf. v.* 1129. — 1110 *Les premiers mots, pris du v.* 1115 *ont été écrits ici par erreur. Corr.* De bos sirvens ?

« Pro aias armas et altres garnimens,
« Dia e nueh, amix, estais laïns,
« E quieus combat tornatz vos belamen ;
« No seres [pres] per nulh home vi[v]en.
1115 « Ans de xij. ans, per lo mieu esien,
« Vendra Betos e Daurel issamen
« Ab cavalgadas et ab combatemen,
« Et ausira lo tracher mescrezen,
« E vos fara ric hom[e] e manen.
1120 — Domna, » ditz el, « vostre comandamen
« Farai tostemps senes tot falhimen,
« De vos servir ai be cor e talen.
« Aicel castel capte[n]rai ben e gen.
« Mot ai mon cor alegre et jauzen
1125 « De Betonet, car ieu lo sai viven. »

XXIX

E n'Azemar, qu[e] es pros e leugier(s)
De clar formen empli tos los graniers,
E met n'i pro a muh [e] a sestiers
Fen e civada als coredos destriers.
1130 De bos bacos lai mes .iiij. meliers,
Pro de bo vi tant cant lur n'a mestiers;
.XXX. arquiers (lai) mes e .xx. arbalestiers
E de triat[z] .xl. cavaliers,
Gen tent los homes e totas lurs molhers.
1135 Laïns noiriro austors e [es]parbiers
E cas de cassa e corredors destriers ;   f° 96
Jogon as taulas, ad escax, a diniers,
Dins lo castel meno grans alegriers :
Ueimai a guerra lo tracher lauzengiers.

XXX

1140 Quant lo fel Gui enten[det] la razo
Quel pros Daurel s'en anava ab Beto,

Vic de Monclar c'assi establit fo,
Tira sa barba e rom som pelisso ;
Donc sab el be qu'encar(as) n'aura tenso.
1145 Vai a la dona e met la a razo,
En .j. tor el l'a mes en preio,
.I. an la tenc, c'anc res no lhi tenc pro ;
Mandec sa gen : be .M. cavaliers so,
Tro a Monclar non pres arestazo ;
1150 Gardec las tors e va lor d'enviro,
Eilh de la vila nol prezo .j. boto.
Lhi filh Daurel so molt cortes e pro,
Defendo se a guiza de baro,
Tuh esems crido e fan(t) en aut .j. so :
1155 « Mot prezam pauc lo fel tracher Guio
« C'aucis lo duc e cujet far Beto. »
E n'Azemars comensec sa razo :
« Fel tracher Gui, ja non auras perdo :
« Quar no t'en fuges en altra regio ?
1160 « Vieus es mosenher ; non auras garizo,
« Quar tu as mor[t] to senhor a lairo.
— Per Dieu ! » ditz Gui, « mal m'en gabas, gloto.
« Per cel senhor que fes lo cel el tro,
« Totz vos p(r)endrai sus en .j. cabiro. »   v°
1165 Respon Bertrans que filh de Daurel fo :
« Mentit n'aves en aquesta sazo,
« Bens gardarem de vostra trasio. »
Antona ! crido per gran alegrazo.
E cant ve Guis res no l(i) pot tener pro,
1170 Es s'en tornat ab corage felo.
Laissem Monclar el traïdor Guio,
Parlem de Daurel e de l'enfan Beto.

1142 Vic *est douteux : il y a dans le ms. une tache entre le* v *et le* c. — 1145 *Y a-t-il une lacune après le vers ? On s'attendrait à un discours de Gui.* — 1052 *Ms.* m. e pro e cortes. — 1172 *Vers trop long. Ici comme ailleurs (vv.* 1090-1, 1279-80, 1405) *les vers de transition peuvent bien avoir été ajoutés par un copiste.*

XXXI

Vai s'en Daurel ab joi et ab [bau]dor,
Per alta mar, per forsa e per vigor,
1175 Mas ges no sap de sa gentil oissor
Ques laiset caszer de sus de l'[a]uta tor,
Si que mori sus el palais auzor;
Cant o sabra mot n'aura gran dolor.
Cant l'efas plora a lui non a sabor,
1180 E pren sa viola e fai .j. lais d'amor :
« Ai ! » so ditz el, « mon pauc gentil senhor,
« Cum vos lonhat de vosta gran honor !
« Fugem nos en ab mot gran dessonor.
« Per vos ai dat lo mieu filhet menor,
1185 « Ieu vos ai trah de mas de tra[i]dor ;
« Filh es de duc e neps d'emperador,
« E fugem nos co siam raubador !
« Vos no aves ni fraire ni seror
« Que ja vos venge d'aquesta dissonor. »
1190 Cant o hac dit no pot estar no plor,
Baga l'efant per gauc e per amor.
« Jhesu Crist senher, per la vostra dolsor,
« Vos nos menat a bon port salvador
« E gardat nos de mal e [de] dolor ! »

XXXII

1195 En Babilonia es Daurel aribat[z]   f° 97
Ad .j. ric port, Dieus ne sia lauzat[z]!
Venc el palais on era l'amirat[z],

1175 oissor, *ms.* molher. — 1176 Ques, *ms.* Qen. — 1179 *Ms.* non sap bor. — 1183 Fugem, *ms.* Fugen. — 1184 mieu, *ms.* miei. — 1185 ai, *ms.* c. — 1187 nos, *ms.* nolh. — 1189 d'aquesta, *ms.* dequesta.

E l'escudier porta l'efan el bras.
E l'amirat es de mangar levatz,
1200 E so .D. de cavaliers prezat[z];
E Daurel venc, (e) a los gen saludatz:
« Dieus sal lo rey qu'es duc et amiratz,
« E la regina els(i) cavaliers delatz! »
Eilh li respo[n]do : « Joglar, enan anatz;
1205 « Bona sia l'ora que saïns es intrat[z]! »
El va enant, a lor dels jocz mostratz,
Dels us e dels altres, qu'el ne sap pro asatz.
Pueis pres l[a] arpa, a .ij. laisses notatz,
Et ab la viola a los gen deportat[z],
1210 Sauta e tomba; tuh s'en son alegratz,
El rei mezis s'en tenc fort per pagatz.
So dis Daurel : « Senher, or m'escoltat[z] :
« De lai de França sai soi a vos passatz,
« Qu'e la cort K. es pels baros lauzat[z].
1215 « Tu iest lo melher (rey) que anc fos atrobatz;
« E reis e comtes, tos los n'ai oblidatz :
« Per vostr'amor ieu sai so aribat[z],
« Ab vos serai aitan can ja vivatz. »
Lo rey sezia, el es em pes levatz :
1220 « Amicx, » dit el, « vostre nom me digat[z].
— Daurel ai nom, senher, se a vos platz.
— Daurel, » dit el, » ab me vueilh remangatz,
« E dar vos ai una de mas cieutat[z],
« Aur et argent aures vos pro assat[z].
1225 — Senher, » dit el, « gran aver mi donat[z];
« Ieu no vuelh tan, e teih m'en per pagat[z] v°
« Ab cest efan que noirir me fasat[z] :
« El es mos filh, per mi er trop amat[z].
« Morta es ma [mo]lher e so ne fort iratz. »
1230 Mentir si cuja, mas lo es veritat[z].
So ditz lo rei : « A mi lo prezentat[z]. »

1206 enant, *ms.* ennat. — 1207 *Corr.* E d'us e d'altres? — 1219 el, *ms.* te.

Daurel lol baila et el lo pren viatz;
Ausalh lo pali, l'efas als silhs levatz,
Jeta .j. ris, el rei es ne pagatz :
1235 « Efas, » ditz el, « ben iest bonaürat[z] ;
« Anc mai nom vis, cum si t'es alegratz !
« A gran honor vuelh que sias gardatz.
« Domna regina, [vos] en garda l'agatz,
« Fais lo noirir per l'amor quem portat[z],
1240 — Senher, » dit ela, « e ma brassal pauzat[z] ;
« Per cel Senhor que totz nos a formatz
« Tam be sera noirit et alautat[z]
« Cum s'ieu l'agues e mon ventre portat. »
Pren lo la dona e rescon lo 'magat.
1245 Tan fo noirit tro ac .iij. ans passat[z],
Estec en crambas e si fo ben gardat[z],
Pueis ieis deforas e fo be remirat[z],
Tuh lo regardo, car grans fo sa beutat[z] :
Los pels ac blons e gent [fo] faisonat[z],
1250 E los ueilh vers coma falcos mudatz,
La gola fresca cum roza en estat,
Blanc coma neus, et ac genta la fat[z].
So dit lo rei : « Cavaliers, escoltatz :
« Anc aquest efas non fo de Daurel nat[z],
1255 « Ges nol ressembla. » Daurel s'es d'el propiat[z] : f° 98
« Senher bos rei, pauc cre que mi amat[z],
« Quar mon efan aisim desleialat[z]. »
So dis lo rei : « Daurel, nous irascat[z],
« Non dic per mal, se m'ajut caritat[z]. »
1260 Quant ac .iiij. ans Beto fo fort prezatz,
Vai s'en al rei et eseties delatz
E pren sos gans et a los li rapatz :

1236 *ms.* cum se alegratz; *cf. v. 812* — 1241 totz nos a, *ms.* tost uaza. — 1243 s'ieu l'agues, *ms.* siel laguet. — 1250 coma, *ms.* cūa. — 1255 *Corr.* propchatz, *ou suppr.* d'el. *Toutefois le discours du roi semble incomplet; il y a p.-ê. unc lacune entre les deux hémistiches de ce vers.* — 1261 eseties, *corr.* es se traitz *ou* s'assetet? *Le ms. marque ici et au v.* 1273 *un alinéa.*

Foron de drap entorn ab aur listrat,
Tol los al rei e jes no s'es trigat[z].
1265 A la regina si loz a prezentatz
Ela los pren, alli los vuelh(e)s baizatz.
Lo rei s'en ri e dit : « Sai m'escoltat[z] :
« Volgram costes .xiij. de mas cieutatz
« Qu'eu agues fil que fos de molher nat[z]
1270 « C'aquest sembles, qu'el fora amirat[z].
« Miel li covengra que fos fil d'amirat
« Que [de] joglar de paucas eretat[z]. »
Quant ac Beto be .v. ans acabatz,
Fon ben cregut e pros et essenhat[z]
1275 Pueja(s) cavals et a los abrivatz,
Fon bels parliers e gen enrazonatz,
Joga a taulas, ad escax et a dat[z]
Et en la cort fo f(r)ort per tot[z] amatz.
Laissem Daurel e Betonet em patz
1280 E tornem sai a cels qu'avem laissatz.

XXXIII

Lo tracher Guis es anat ribairar,
E son be .c. per lo comte garar.
Porto lur armas, no las volon laissar,
E .x. falcos per las gruas cassar.
1285 Una espia n'es venguda a Monclar
Que lor [o] comta, et eilh van se adobar :
Vesto aulbercz e que[x] son elme clar,
Guio bos brans per los grans colps donar,
El prumier cap los guiza n'Azemar,
1290 [El] e Bertran que fo fil del joglar.
Isson deforas rengat per batalhar ;
.X. ne remano pel lo castel garar.
Ditz n'Azemars : « Senhor, vueilh vos pregar,

1277 Ms. escaxc. — 1288 Guio bos, corr. Cenho los ? — 1292 Ms. remado.

« En Brunas vals lai los anem sarcar,
1295 « Aqui los trobaram per los falcos gitar. »
Guis garda avant e vi los cavalgar,
Laissals falcos e cor si tost armar,
Crida als sieus : « Baro, al remenbrar,
« Queus vos lai los fairit[z] de Monclar. »
1300 Ab las par[a]ulas hil se van adobar,
Vec vos Bertran en .j. caval li(r)ar,
E venc tantost cum pot esperonar ;
En auta vos comenset a cridar :
« Fals tracher Gui, nom podet escapar,
1305 « La mort (de) mo fraire araus vuelh demandar.
« De l'efantet que feris al pilar. »
Au o lo coms : sul caval va pujar,
E venc vas lui lai on lo vic estar,
Grans cops si fero pels escutz pessejar.
1310 Bertran l'enpeih quel cujet degolar,
El coms Guis lui que l'a fah darocar :
« Esta, » fai cel, « malvas filh de joglar ;
« Ja mai ab com[te] not vuelhas engagar. »
Sieu compa[n]ho li coron ajudar,   f° 99
1315 Grans critz g(u)itero a las lansas baisar,
Aqui virat .j. gran tornei mesclar,
Franger las astas e los escut[z] brizar,
E las perpongas romper els auberctz desmalhar.
Vec vos vengut lo cortes n'Azemar,
1320 Baiset sa senha, laissal caval anar,
E fer Guio, mas nol pot daroquar.
« Antona ! » crida, « tot veires revelar
« L'efant Beto que cujes mort laysar ! »
Au o lo coms : cujec enrabiar,
1325 E trais s'espeia, laissal caval anar,

1294 lai *est douteux, étant très effacé.* — 1295 Aqui, los, *corr.* Sils? — 1297 Laissals. *ms.* laissalc. — 1298 al remenbrar, *d'abord* al cavalgar, *qui est rayé.*— 1299 *Corr.* Que eu vei ? — 1318 E las perpongas, *corr.* Els perpongz. — 1324 Au o, *ms.* Ano— enrabiar, *la leçon est peu nette, p.-é.* enrabieiar ?

Fer j. donzel desus son elme clar,
Entro las dens ne fes lo bran passar,
Mort l'en trebuca, que anc non poc levar,
Fer demestz els, fes los esparpalhar.
1330 « Aspramon ! » crida, « vinet mi ajudar;
« D'aicels fairit[z] non veuret .j. tornar. »

XXXIV

Au o Bertrans, es s'en [fort] irascut[z],
Ponh lo destrier que va los sautz menutz;
E n'Azemar tenc se per cofondutz ;
1335 Contra Gui corro e son .xv. ab escutz,
Baisso lur astas els [es]pieutz esmolutz.
Li tres le fero el ausberc qu'es menutz,
De tos los autres lo gandi son escutz.
Trastut lo fero, mas el s'es ben tengutz,
1340 Per els non a minja d'estrieup perdutz;
El feri .j. que fo acosseugutz,
Demest los altres [aicil] es mort cazut[z] ;
Vi o Bertrans, e[s] se fort irascut[z],
Brocal destrier e trais lo bran que lutz,
1345 Fer lo per l'e[l]me qu'es luzens et agutz
Que los dos caires el n'a jos abatutz,
De cada part fo lo chaple tengutz.

XXXV

Veuc vos vengut n'Azema[r] lo leugier,
Apres de lui son .iiij. cavalier ;
1350 Li .iij. lo fero el escut de cartier,
Quel gomfano li fan el cors mulhier,
E n'Azemar feri lhi son destier,
Lo d(i)estrier ca; lo coms pres a tumbier,

1337 *Ms.* ausbers. — 1347 chaple, *ms.* capeh; l'*a est douteux*,
p.-ê. chapeh ? — 1351 fan, *ms.* fai. — 1353 coms, *ms.* cū.

A tera cazet, non fa per a blasmier,
1355 De ca[da] part li van grans cops donier.
El se defen ab sa speia d'asier,
Qui [el] encausa be lo fa trastumbier.
For lo respondo per los grans cops que fier :
Regardo sas, mas no l'auzan toquier,
1360 Tro Bertrandet comenset a cridier :
« Eia ! baro, del tracher lauzengier,
« Cum es aiso nol porrem daroquier ! »
Van lo ferir cadaüns vol[un]tiers,
Que son escut li fan tantost falhier.
1365 Ab las palauras vec vos .j. cavalier,
Jaufre ac nom e vai ferir Requier,
Tant l'asta dura lo vai jos daroquier,
Per mieih las rennas va prenre lo destrier,
Fer per la prieissa, comenset a cridier :
1370 « Montatz, coms Gui, que be vos fa mestier ! »
El salhi sus, pessa de l'espleitier ;
Cel de Guio non podo plus durier,
Fugen s'en torno dreit .j. cami plenier.
Il los encauso per las testas trenquier,
1375 Soen los fero e los fan trabuquier,
.Vij. n'an ausitz e .xx. ne fan. menier.
E lo fel Gui, cant ne pot escapier,   *f° 100*
Tro Aspramon nois vol pas rastanquier.
Elh de Monclar s'en volo retornier
1380 Ab lor encals que an fah de prumier.
Aysels que an pres fan sobre S. jurer
Que de la guera lor vuelho ajudier,
E que no sian ni fals ni lauzengier.

1354 cazet... per, *corr.* cai... pas ; — 1357 Qui *pour* cui. —1358 *Corr.* for[t] lo redoptan ? — 1359 *Les deux premières lettres de* Regardo *sont à peine lisibles*; sas, *qui n'a aucun sens ici, est certain; corr.* se ; — 1363 ferir, *ms.* ferit. — 1368 Va, *ms.* au ?), *l'a est douteux.* — 1371 *Ms.* del despleitier. — 1374 ll, *ms.* lih.

XXXVI

  Lo tracher Gui foc irat e dolens,
1385 Manda sas teras et aju[s]ta sas gens,
  De cavaliers i ac .M. e .CCC.
  E de triat[z] i ac be .M. cirvens.
  Tro a Monclar non pres arestamens,
  Asetjet los senes tot cauzimens,
1390 Tendo lur traps enrivironamens,
  Bastiso peureiras, trabuquetz issamens ;
  Mas res que los fasso no lur te dampnamens.
  Pueis sobre S. a[n] fah los sagramens,
  No s'en partran per nulh homes vivens
1395 Tro que p[r]endan aquelhs que so laïns.
  De laïns crido e dizon autamens :
  « A ! tracher Gui, malvas e mescrezens,
  « Tostz i seret prejurs de tos fals sagramens.»
  Dedins s'alegro e fan esbaudimens
1400 E nueh e dia estan alegramens ;
  An que mangar a .xij. [ans] per seguens,
  Laïns en aigua molis e for eis e corens.
  .XII. ans estero enclaus tuh de laïns,
  Tro que Beto ac pres sos garnimens.
1405 Laissem Monclar els asetiamens.
  Qua[nt] ac Beto .vj. ans, foc bels e gens,
  La color ferca, los uelh belh e rizens,
  Amal lo rei e te lo caramens,   *v*°
  E la regina e sa filha issamens.
1410 Fo la donzela de bels aculimens,
  Ac nom Erimena e fo ben avi(e)nens.
  Lo pros Daurel fo aras ben jauzens,

1391 *Vers trop long; corr.* E fan p.? — 1392 que los, *corr.* qu'ilh? fasso, *ms.* fosso. — 1398 i seret, *corr.* ers. — 1402 *Corr.* e forns cozens? — 1407 ferca. *pour* fresca. — 1411 *Vers trop long.*

L'efant apela e ditz li belamens :
« Bel filhs Beto, ap[r]endet d'esturmens,
1415 « D'arpa e de viola, seres ne plus jauzens. »
L'efas respon mot ensei[n]adamens :
« Bel senher paire, vostre comandamens,
« Veus me aissi per far vostre talens. »

XXXVII

Qua[n]t ac'.vij. ans Beto sap gen violar,
1420 (E) tocar citola e ricamen arpar,
E cansos dire, de se mezis trobar.
.I. jorn aven que Daurel fo en mar
En .j. nau per los dalfis pescar,
E Betonet vi los enfans jogar,
1425 Filh de baros qu'ero de ric afar :
El cor tantost son brizaut empenhar,
Cor al taulier e va s'i asetjar.
Cilh de la cort o van al rei comtar,
Vi o lo rei e pren lo a gardar ;
1430 Ans qu'en leves li detz Dieus (a) gazanhar,
Que .x. enfans lai a fahs depolhar
De lor brizautz, que no lor vol laissar ;
Al col los leva e pren s'en ad anar.
E lo reis vai .j. donzel apelar :
1435 « Amix, » ditz el, « gardat qu'en volra far
« D'aicels brizautz qu'en vei al col portar.
— Senher, » ditz el, « ben ba sabriei contar. »
Beto ieis forras, comencet a cridar
Permiei la vila et s'en pres ad anar :
1440 « Qui vol brizaut a me benga parlar ! »   f° *101*
A l[o]s donzels vai los brizaut [z] donar ;
El palais torna, comencet a gabar :
« Tozet, » dit el, « sabres ben tremolar,

1436 qu'en, *corr.* qu'eul ! — 1438-9 *Le sens serait meilleur si on intervertissait les seconds hémistiches.*

« Si mi crezes(et) altres n'ires talhar. »
1445 E lo donzel o va al rei comtar,
Si cum a vist, que no lh'o vol celar.
E l'amiratz fai sa cort ajustar,
Qu'ades venga qui lui volra amar.
Mai de .c. m. lai n'a fah ajustar,
1450 E la regina que motz fai a prezar.
So ditz lo rei : « Baro, que vos en par
« D'aisel efan que vezet lai estar,
« De Betonet que ieu puec tant amar?
« Tantas proesas ieu li vei comensar,
1455 « E .x. brizaut[z] gazanhet al jogar,
« E cant los ac, dese los anet dar.
« Per cel senhor que tos nos fa parlar,
« Ieu non creirai sia filh de joglar,
« Que los cavals li vei fort abribar
1460 « E los ausbers vestir e despulhar
« E los escutz tener et abrasar. »
Ditz la regina : « Ieusz o farai proar.
« Ins en las crambas vos l'en mandat intrar,
« Que a ma filha an dels verses comtar;
1465 « C. mart[z] d'argen lh[i] farai prezentar :
« Si pren l'aver donc (er) es filh de joglar,
« [E] si nol pren anc re no lh'ac a far. »
A cel cossel si van tuh ajustar;
E lo rei fa per l'efan enviar,
1470 Et el venc tost, pren se a ginoulhar :
« Beto, » dit el, « araus vueih fort pregar
« Que ab ma filha vos anes deportar,
« De vostres laices vos li anes viholar ;
« Irada es, anas la m' apagar.
1475 — Senher, » ditz el, « aisso m'es bon a far. »
Vai s'en corren, pren sa vieul'a trempar.

1449 lai, ms. lan. — 1455 E, corr. E[r]? — 1450 ausbers, ms. uarbers, p.-ê. manque-t-il une lettre ou deux au commencement de mot, car il y a à cet endroit un trou dans le ms.— 1468 A cel, ms. Aicel.

E la regina vai sa filha ensenhar :
« Filha, » dit ela, « ab vos volrai parlar :
« .C. martz d'argen aissi vos vueilh laissar,
1480 « Que Betonetz vos venra deportar ;
« Vos los li datz quantz s'en volra anar. »
Lo rei meszisses comensa a parlar :
« Baro, » ditz el, « anem los escoltar
« En cal manieira si volra capdelar. »
1485 Entorn la cambra si van tuh amagar,
« Que auziram tot so que volran far. »

XXXVIII

Sus a las cambras s'en es Beto intrat[z]
En .j. brizaut que fo gentil cordatz ;
E la donzela es levada viat[z] :
1490 « Bom sap, amix, quar ses saïns intrat[z]. »
Ela es joves et es grans sa beutat[z],
Non a .x. ans enquara acabat[z],
Ela fo agradabla, en sa ma te .iij. datz
Qu'ero d'aur fi et dedins tragitatz :
1495 « Dona, » ditz el, « sai vos a eviat[z]
« Queus mi tramet(z) mossenher l'amiratz,
« Et ieu mezis teinh m'en fort per pagat.
« De bels vers(es) sai, dona, vueilh que n'aujatz. »
E dit sos verses e fon ben escoltatz ;
1500 Lo rei l'auzi que s'era amagatz
Entorn la cambra eil reïna delatz,   *f*° *102*
Et ab lor so .c. cavaliers prezatz,
Que tuh escolto cossi s'es deportatz.
Una gran pessa s'es laïns deportatz,
1505 Canta e vihola, es se fort alegratz,
« Dona, » dit el, « iriei m'en si a vos plat[z],

1486 Ce vers paraît devoir prendre place après le v. 1483. —
1495 vos a, corr. vos soi ? — 1502 prezatz, ms. pregratz. — 1503-4
deportatz *occupe la place d'un autre participe en l'un ou en l'autre
de ces deux vers.*

« Tot jorn, ma dona, quem volretz mi mandatz.
— Beto, » dit ela, « .j. petit m'escoltat[z] ».
.C. mart[z] d'argen li a denan pauzatz.
1510 Amix, » ditz ela, « cest aver vueilh prengat[z],
« Que comp[r]ar n'et p(l)alafres sojornat[z].
« Mon prumier do en refut non agatz.
— Dona, » dit e[l] « .M. merces e .C. grat[z],
« Que ieu ai, dona, aur et argen asat[z],
1515 « Ab solamen que vos be mi volhatz.
« Joglar venran, d'estrains e de privatz,
« Ad els, ma dona, aquest aver donatz,
« Lauzar vos an per estranhes regnatz
« E vostre pret seran plus issausatz
1520 « De vos, ma dona, me tein for per pagatz,
« Que tot jour vos a mi pro donatz,
« Que noiritz m'a mosenher l'amiratz.
— Beto, » ditz ela, « per la fe quem portatz
« No vos n'anes que del miei non aiatz.
1525 — Dona, » dit el, « per que m'en sermonatz?
« Quant ieu l'auria seria ne enbargatz ;
« Mas solamen, car conosc que a vos platz,
« De vostra ma prendrai [ieu] aquels datz.
— Amix, » ditz ela, « ben pauc mi demandatz.
1530 « Tenet los doncz, per amor los portatz. »
Et el los pren, ela los li a donatz.
« Dona, » ditz el, « donatz mi comiatz.
— Beto, » dis ela, « en bon astre anatz ;
« Que Dieus don(e) so que vos mai deziratz. v°
1535 — Dona, » ditz el, « vos ab Dieus remanatz. »
L'efas ieis forras, als donzels atrobatz,
Van abergar los destriers sojornatz ;
Quant el los vi no s'es pas atrigat[z] :
Dreih a l'estable, tantost s'en es anatz,
1540 Pren lo caval del rei, es sus montatz,

1521 tot jour, *corr.* tota dia? — 1534 *Corr.* Q. D. [vos] d. so q.· m. — 1537 abergar, *corr.* abeurar, *cf. v.* 1541.

Et ab los altres abeurar es anatz.
Lo rei ici de lai ond era intratz,
Et ac auzit Beto cosi fon deportatz,
Pueissas lo vi qu'es el caval montatz :
1545 « Baro, » ditz el, « e sai vos regardatz :
« No m'es vejaire, segon los mieus pesatz,
« Que aquest efas anc fos de Daurel natz.»
Tuh li respondo : « De nien en parlatz;
« Per cel senhor que totz nosz a formatz,
1550 « Fils es de duc, de rei o d'amiratz.
— Baro,» dit el, « car no lo m'apelatz ? »
Cilh lonlh apelo et el venc mot viatz.
So ditz lo rei : « Beto, cum fos auzatz,
« Que mos destriers fos anc per vos tocatz ?
1555 —Senher, » dis el, « uei no fo abeuratz ;
« Vostres escudiers es be malaüratz;
« Ieu[l] menarai a l'aiga, si a vos platz.
— Beto, » ditz el, « en garda lo agatz.
— Senher, » dis el, « per mi er ben garatz.»
1560 Partz se d'aqui, tuh dizo ad .j. clatz :
« Aicel efas pessam que fos panatz.»
En aquel dia fo Beto esproatz ;
D'aqui enan fo mil tans mai amatz.

XXXIX

Qua[n]t ac (Beto) .ix*. ans. foc del rei escudiers,
1565 Foc bels e gens e covinen parliers,
Joga a taulas, (et) ad escax, a diniers,
E va cassar ab cas et ab lebriers, $f^o\ 103$
Ab los austors et ab los esparviers ;
Baissa las astas, abriva(n) los destriers.
1570 Amal lo rei, la regina a sobriers,

1542 *Ms.* on dera — 1543 *Supp.* Et ac *et corr.* Auzic? — 1549 totz, *ms.* tostz. — 1550 rei, *ms.* ric. — 1551 car *en interligne.* — 1552 lonlh *ou* loulh, *corr.* l'en? — 1558 *Ms.* lagat lo agatz. — 1569 *Corr.* Bersa las gantas?

Sa genta filha que lo te motz en chiers;
Ama[n] lo domnas, donzels et cavaliers.
Et a las taulas servia als mangiers :
Denan lo rei estava prezentiers,
1575 Servi li fort de so quel fa mestiers,
Puessas los viola e canta volontiers.
Vi o Daurel : ac ne grans alegriers.

XL

Quant ac .xj. ans el se sap (gent) escrimir,
Als cavaliers privadamen servir.
1580 El pros Daurel de lui ac grant servir :
Comprailh caval et armas per garnir,
Belas e paucas, que las puesca sufrir ;
Pueissas el fes .j. Sarazi venir
Que fo molt dels efantonet[z] noirir.
1585 « Amix, » dis el, « aujatz que ieus vuelh dir. »
E Betonet fes denan si venir.
Daurel comensa al Sarazi a dir :
« Aquest miei filh m'essenhat d'escrimir.
« Ben conosc aras quel voles enriquir. »
1590 L'efan ne mena, esenhal d'escrimir,
E so destrier de la tera salhir,
Ab son escut escelier e gandir,
Et en l'autruei de grans colbes ferrir,
Las dretas astas mamenar e brandir,
1595 E los distrier[s] adresar e venir,
Grans cops donar e dels altres gandir,
Et en tornei cum si deu mantenir.

1571 genta, *ms.* senta. — 1576 los, *corr.* lor — 1578 *Corr.* gent se sap e.? — 1580 servir, *corr.* plazir? — 1584 *Corr.* Q. fo m. [duchs] d'e., *ou* d. efantos. — 1585 *Ce vers serait mieux placé après le v.* 1587. — 1589 *Ce vers semble être la fin d'une réponse du sarrazin, de laquelle le commencement aurait été omis par le copiste.* — 1592 escelier, *corr.* esquivar? — 1594 mamenar, *corr.* manejar? — 1595 venir, *corr.* tenir?

.I. an lo tenc que re no ac que dir,
E sap d'escrima, de garnimens tenir.   v°

XLI

1600 Quant ac .xij. ans, sap pro d'esernimen(s);
Vi o Daurel, ac ne son cor jauzen(s)
Daurel l'apela, el venc viassamen(s) :
« Bels filh, » dit el, « pren tostz to(s) garnimen(s),
« Las bonas armas e lo(s) distrier(s) corren(s);
1605 « Irem lai forras ieu e vos solamen(s).
— Ai ! senher paire, vostre(s) comandamens,
« Si cum volretz tot al(s) vostre(s) talen(s). »
Entr' ambidos ban (s'en) en .j. (bel) prat verden(s) :
« Bels filhs, » dit el, « armatz vos belamen. »
1610 Et el s'adoba adzaut et covinen.
Qua[n]t fo armatz, el li dit en rien :
« Ai ! senher paire, que vos ve a talen?
— Bels filhs, » dit el, « veirai vostr' ardimen :
« Jondret ab mi, se Dieu plat, veramen.
1615 — Bels senher paire, ben parlat de nien,
« Qu'ieu comtra vos dresses mon fer luzen,
« Non o faria per .c. m. marc[z] d'argen.
— A far vos er, per Dieu omnipoten !
« De mi ferir non aiat cauzimen,
1620 « Qu'ieu nos ferriei a mon esforssamen. »
Cascus se lonja .j. mezurat arpen,
Baisso las astas e ferois duramen
Per los escut[z] quel fer(e)s intra dedins
Entrols aulbertz que de mort los defen.
1625 Daurel l'espenh molt vertudozamen,
E l'efan lui qu'a terra l'en dissen,
E passa d'oltra e fetz son torn mol gen,
Daurel s'en ri jos son elme luzen.

1599 garnimens, *ms.* garnines. — 1600 *Corr.* escrimimen! 1620 nos *pour* no vos. — 1621 *Plutôt* s'e[s]lonja.

« Beto, » dit el, « ben aia aital joven,   f° 104
1630 « Bem par aras per mieu essien.
« Ai! senher Dieus [molt] gran(s) grat vos en ren. »
L'efas dit c'en plora mol greumen,
Venc a Daurel e per sa ma lo pren :
« Ai ! senher paire, mol fezes folamen,
1635 « Quar anc vas mi fezes essa[ja]men :
« S'ieus agues mort, ieu m'ausira issamen.
— Bels filhs, » dis el, « aras sai veramen
« Que seret pros se vivet longamen. »
Las armas pauzo amdoi cominalmen,
1640 Van se ceze sus en l'erba verden.

XLII

« Amix Beto, » dit Daurel lo joglar,
« Cui es vos filh ? sabetz m'o vos nomnar ?
— Senher, ieu vostre, e vulh o ben estar.
— Non es, amix, per Dieu quem fa parlar,
1645 « Ans es mosenher, e devet o selar.
« Grans etz e bels, neh [per] armas portar ;
« Duc et e coms, e vuelh vos o mostrar :
« Neps es de K. que mol fai a prezar,
« Dei melhor rei que hom puesca trobar,
1650 « Fils (es de) sa seror ; ja nol devet amar,
« Quar en aisi vos fai faiditz anar.
« Lo duc tos paire el mi donec Monclar,
« .I. ric castel que esta sobre mar.
« Us tracher coms queis fa Gui apelar
1655 « Ausis vostre car paire quan fo ab lui cassar,
« Pueis compret vostre maire ab pro argen et dar.
« Vos noiria hom ins en irla de mar,

1630 *Il est aisé de corriger* Aras b. p. p. [lo] m., *mais la phrase reste incomplète.* — 1632 *Corr.* L'e. dissen, qu'en ? — 1642 Cui. *ms.* Qui. — 1655 *Corr.* A. to p. (*cf. v.* 1652), *ou* A. vo p.? — 1656 *Corr.* P. v. m. c. ab pro donar ?

« Cel tracher Guis vos i fes espiar,
« Volc vos aucire, mas ieus aniei panar ;
1660 « E nulha guia noh pogui escapar,
« Tro mon pauc filh per vos aniei donar ;
« Mos uelh vezens feri ne a .j. pilar,   v°
« Si que los uelh li fe del cap volar ;
« Quant l'ac delit cujet bos mort laissar
1665 « Ieu, cant o vi, no pogui plus durar :
« Fugi m'en sai, que bos volgui salvar. »
L'efas Beto se comensa a plorar :
« Senher, » dit el, « aisso cum poguet far !
« Cum vos poirai cestz fah gazardonar ? »
1670 — Mon car senher, ieusz o sabrai comtar :
« Em breu de temps nos ne volrem tornar,
« Ausirem Gui que no[n]s pot escapar,
« T[r]astot Peitieus er'al vostre mandar,
« Bordels, Antona, tro al castel de Monclar.
1675 « Ieu ai .ij. filhs quem fezetz vos laissar
« E ma molher el castel de Monclar.
« Per vostre sen nous volhatz capdelar,
« Mas per lo mieu, e no i poiretz pecar.
« Celatz vos fortz trous ne volhat anar.
1680 — Bels senher paire, tot al vostre mandar. »
Prendo lur armas e prendo s'[a] anar,
Sus el palais se prendon a violar,
Denan lo rei se van fort alegrar,
L'efas Beto si pres a ginolhar,
1685 Denan lo rei (vai) son esturmen pauzar.

XLIII

Quant ac Beto .xiij. ans, fo fort (e) prezatz,
Et en la cort volgut e pels melhors onratz.
El rei Gormon ajustet sos barnatz,

1685 son *corr.* l'? — 1687 *Corr.* ben volgut et onratz ? *ou per los m. o., en omettant* volgut. — 1688 sos, *ms.* son.

Volois gran mal entre el e l'amiratz,
1690 Guerra an aüda ben a .xx. ans passatz;
Ab gran poder es sobre lui anatz,
Ab be .xij. m. de cavaliers prezatz   f° 105
Ab .c. m. homes, que us non es restat[z].
En Babilonia es Gormons aribatz,
1695 Per mieh la vila s'en es grans crit levatz.
E Betonet no s'es pas oblidatz :
Dreh al drestier del rei s'en es anatz,
Met lhi l[o] fre (e la boca) e la cela el[s] costat[z],
E venc al rei; es denan lui anatz :
1700 « Senher, » ditz el, « e vos car no montatz?
« Vostre caval es mol be esselat[z].
— Beto, » dit el, « areires lom tornatz,
« No i issirem, que no n'em adobatz :
« Nos em petitz et ilh son trop assatz;
1705 « Se i issiam seria grans foldatz.
— Senher, » dit el, « aisi cum a vos platz. »
E torna areires et es se cossira(ra)tz,
E membra li del linatge qu'es natz :
L'aubert del rei se gita als costatz,
1710 Sint'a l'espeiga, e[s] se .iij. vetz senhatz,
E lassa l'elme qu[e] es ab aur listratz,
De plana terra es sul caval montatz,
Dels adops del rei s'es ben aparelhatz,
E pren l'escut que es estreh belcatz
1715 Ab .iiij. brocas d'[a]ur que i so pauzatz,
E brandis l'asta, el fers fo nielatz;
Dels garnimens del rei s'es adobatz.
Brocal destrier dels esperos daurat[z],
Tro al portal no s'es pas atrigat[z].
1720 Ditz al portier : « Las portas alargatz,
« Que lo rei ve [e] trastot sos barnat[z]. »

1690 Ms. Querra ann aüda. — 1710 Sint'a ms, E sinta — 1713 Corr. D'adops, ou Dels rei adops. — 1715 so, ms. fo.— 1716 nielatz, ms. nielcatz, cf. v. 1757.

El las li uebre; el ditz : « A Dieu siat[z] ! »
E lo rei es als fenest[r]a[l]s montat[z], v°
E vi Beto que fo molt abrivatz,
1725 Conoc lo be, e[s] s'en meravilhatz :
« Digas, regina, eforas esgaratz :
« Vegat Beto cum s'es aparelhatz.
« De mos adops be vei que s'es armatz,
« Lo mieus destriers cuh que c'era cambiat.
1730 — Senher, » ditz ela, « no sera se Dieu platz;
« Fe quem deves, a Dieus lo comandatz.
« Be vos puesc dire que se el vieu asat[z],
« De nos acore er ben aparelhatz.
« S'el [i] es pres, be sera(i) malevatz. »
1735 De la gran ost(z) nos ne ve .ij. triatz
Que so vengut entro prop dels valatz.
Beto los vi et es se d'els propchat[z] ;
Tuh lo esgardo dels murs e dels valatz.
En aut lur crida : « Baro, nous ne fugatz,
1740 « L'us de vos dos ad huna part estatz,
« Ab lui jondrai, ab qual que vos volhatz.
« Perdet destrier o aquest gazag[n]atz. »
So li ditz l'us : « Companh, ab mi justatz. »
Cadaüs broca ab los espiest baissatz,
1745 Grans cops si fero els bos escutz listratz.
Be lo feri aicel desbatigat[z]
Que entro l'auberc s'en es lo fer passatz ;
Beto fer lui coma vasal proatz,
L'escut li trauca, e l'auberc l'a falssat,
1750 Vezen de totz es lo paias tumbatz,
So dit Beto : « Bon sap car et tumbat[z],
« Que ab joglar vos estes encontratz. »
Vi ol compainh, fon dolens et iratz,
Et ac gran anta quar l'artre fon tumbatz : f° 106

1729 cambiat, *corr.* camjat. — 1732 se, *ms.* es. — 1734 *Ms.* malevetz. — 1735 nos ne ve, *corr.* ne veno *ou* vec vos ne? — 1736 entro, *ms.* entra. — 1749 e, *ms.* a. — 1750 totz, *ms.* toss.

	ROMANS DE DAUREL E DE BETO

1755 Brocal caval, venc vas lui abrivatz,
      E Betonet no s'es pas oblidatz,
      E brandis l'asta, el fers fo nielatz,
      Gran cops si fero ses totas pietatz,
      Que lor escut[z] i an trastotz briatz.
1760 Be lo feri aicel desbatejatz,
      E l'efas lui, que los arsos dauratz
      En fa volier e trabuca l'els prat[z].
      « Amix, » dis el, « an Gormon, me digatz
      « (Que) fil de glojar vos a amdos tumbatz. »
1765 Lo reis o vi e tot l'altre barnatz,
      Ab vos escria : « Cavaliers, escoltatz !
      « Per cel senhor que totz nosz a formatz,
      « Se vieu .j. an el sera amiratz. »
      De l'ost o viro si que s'en so triat[z]
1770 Mai de .iij. M., mas nols a espera[z],
      Abans s'en intra com(a) savis e menbrat[z],
      Ab .ij. destries qu'en mena esselat[z].
      Per mieh la vila s'en es gran brut levatz,
      Coro en cambras : el s'es gen capdelat[z],
1775 A .ij. donzels a los destrier[s] donat[z].
      E mieh la plassa s'es l'efas desarmatz,
      Tuh lo rimiro quar grans fo sa beutat[z],
      Vec vos Daurel qu[e] es vengu viatz,
      (Que) tenc .j. basto que fon gros e cairat[z] :
1780 « Ai ! » so dis el, « filh de joglar malvatz,
      ₁ Per cel senhor que totz nosz a formatz,
      « Mala icis senes los mieus mandatz ! »
      L'efas respon coma hom essenhatz :
      « Ai ! senher paire, per que vos corossatz ?
1785 « Molt n'ai gran gauh quar vos m'en castiatz. » v"
      Tuh li escrido : « Daurel, nous irascatz,
      « Vegat l'efan cossi c'es razonatz. »
      En pauca d'ora n'i ac mols ajustatz.
      E lo reis venc e trastot sos barn at[z]

1759 an, *ms.* ai. — 1764 glojar *pour* joglar.

XLIV

1790 Lo reis i venc corren ad esdemes,
Aitan col poc portar sos palafres,
Venc a Daurel e pres lo pel cabes :
« Per cel senhor que tot[z] nosaltres fes,
« Ins e ma carcer estares .xij. ans pres,
1795 « Que es escura, que re no lai veires;
« No manjaretz lunha re de dos mes,
« Ni pa ni vi ni lunh altres conres
« Se nom dizes aquest efan cui es,
« Qu'el non es vostres, se m'ajut Dieus ni fes. »
1800 Respon Daurel que es pros e cortes :
« Ai ! senher rei, per Dieus, valham merces !
« Fais ajustar vostra cort demanes,
« Els chivalier[s] e los melors borzes,
« Pueisas dirai de l'efan de cui es :
1805 « Non es mos fils, so sapjat que vers es,
« Non a el mon duc ni comte ni reis
« Que sia plus haut quel sieu parentat es. »
E l'amiratz fa cornar .j. pages
Que tost s'ajusto el palais majores.

XLV

1810 A la cort veno tuh li mal e li bo,
El pros Daurel poietz sus .j. peiro,
En auta votz comenset so sermo :
« Ai ! senhe reis e tuh vostre baro,
« Entendet me, que nuh hom mot no i so :
1815 « Vezes l'efan ab lo var blizaudo :
« Coms es e dux ses tota mentizo,
« Filhs fon del duc qu'apelava hom Buvo, *f*° *107*
« De cel d'Anton[a], cui Jhesu Crist perdo !

1798 cui, *ms.* qui.

« Pus el [es] ne[p]s l'emperador Karlo,
1820 « Del melhor rei que sia ni anc fo,
« K. lo rei det sa sor a Buvo,
« E lo duc Boves ac ne l'efan Beto;
« El duc sos paire si pres a compa[n]ho
« .J. comte sieu que [a]pela hom Guio;
1825 « Aquel l'ausis ab mol gran trasio;
« Pueis pres sa maire per forsa, noil saup bo,
« Don' Amenjart ab la gentil faisso,
« Ins en irlanda de mar noiri l'om a lairo;
« Volc lo auscire Guis ab lo cor felo,
1830 « Tant lai estet tro qu'espiatz i fo,
« Ieu lo paniei; portiei l'en a maio;
« Seguet mel tracher per granda trasiho,
« Demandec lom : ieu dissi l'en de no;
« Volia m'ardre (e) mi e l'efan Beto.
1835 « E ieu, can vi non auria guerizo,
« E luoc de lui diei li .j. mieu filho :
« Vezen de totz lo pres per lo talo,
« Feri n'al mur et eservelet lo;
« Ieu soi sos hom, fih l'en cest gazardo.
1840 « Fugi m'en sai e vostra regio;
« Noirit l'aves e deu vos saber bo,
« Tornar nos n'em, que ben es de sazo,
« E vengar s'a del fel trachor Guio.
« E quilh fes mal ja non aura perdo,
1845 « Que de proesa a ben comensazo. »

XLVI

[E] qua[n]t lo rei la paraula enten
Quel neps de K. a noirit longamen,
Ven a Beto, entre sos bras lo pren
.C. ves lo baia, (e) la regina icimen;

1820 melhor, *ms.* molhor. — 1827 faisso, *ms.* faissa. — 1828 *Corr.* Ins en un' irla noiri ?

1850 Tuh li baro li crido autamen :
« Rei, daih ta filha, que ben es d'avi[n]en. » v°
Lo rei ac gauh e dis li en rien :
« Beto, » fai cel, « ma filha vos prezen. »
L'efas respon ab gran essenhamen :
1855 « Senher, » dit el, « no la refut nien ;
« Si o vol mos paire que m'a dat garnimen,
« Ieu la prendrai mol voluntieuramen. »
Daurel escria mol vertudozamen :
« Prendet la, senher, que ben es covinen,
1860 « Ab solamen queus fassa .j. covinen :
« Per vostr' amor prendra batiamen ;
« Menar l'avetz a Peitieus veramen. »
E la reïna n'est intrada corren
Ins e las cambras, sa bela filha pren,
1865 Vezen de totz la tra a parlamen,
Pueis li demanda, si c'o viro .D. :
« Domna Erimena, voletz batiamen ?
« Beto o vol que a molher vos pren. »
Domna Erimena li respon gentamen :
1870 « O ieu, ma domna, a tot lo sieu talen. »
So dis Daurel : « Rei, da lhi de ta gen,
« Mai de tria milia (homes) que sian combaten,
« E cadaüs que aia (tot son) bon garnimen,
« Que d'uei en .xv. jorns nos n'irem veramen
1875 « Entrogas a Peitieus, que no i a tarzamen,
« Dels enemix en penra vengamen,
« Pueissas penra la domna (so sapias) veramen ;
« Vos daret lalh ab gran esbaudimen. »
Tuh li escrido que ben es avinen,
1880 E pueissa crido trastuh comunalmen :
« Reis, jure la dese nostre vezen. »
So dit lo rei : « Beto, fais sagramen.
— Senher, » dis el, « re no vos i conten ;

1851 gauh, ms. guah. — 1859 *Ms.* ben nes. — 1862 *Ou* M. l'a-
netz ? — 1874 *Corr.* Dinz .xv. jorns ? — 1875 *Corr.* Trosc' a P. ʳ

« Daurel mos paire jure premieramen. »
1885 Lo rei mezis las bonas fes en pren :
Sobre .j. espeia amdoi fan sagramen,
E Daurel e[i]s a .j. cros d'argen.
Aqui mezis, que no i fan tarzamen,   f° 108
Meto las naus e l'aparelhamen,
1890 E laïns meto de trop bel(s) garnimen,
De tot aquo que a nau si coven ;
E son de .x. m. e desobre .ccc.
E l'efas pren ac[u]miadamen,
E met s'e mar Beto ab granda gen.
1895 Dresso lor velas e det lur Dieus bo ven,
Tres mes complitz, meih de tempestamen,
S'en van per mar, pueis fan aribamen
Pres de Monclar alegre e jauzen.

XLVII

E Daurel garda e si a vist Monclar,
1900 Aqui aribo, cuja laïns intrar ;
Entorn los viro assatiat[z] estar,
Los trap[s] tendutz, las cozinas fumar,
Vi o Daurel e pren l'o a mostrar :
« Senher, » dis el, « Dieus nos vol fort onrar ;
1905 « Vejaire m'es nons qual fort afanar,
« Dels enemix aisins podem vengar.
« Vec vos lai Gui que nons pot escapar,
« Se pel mieu sen vos voletz capdelar.
« Fais vostres homes garnir et adobar.
1910 —Senher, » ditz el, « (a) tot(z) al vostre mandar. »
Tuh se garnisso, c'us no s'en fai pregar,
E comensero del castel a gardar,
E[l] pros Daurel vai lor l'escut mostrar :
Conogrol be, viras los alegrar,
1915 E l'us a l'autre comenset a parlar :

1892 *Corr.* E son dins. m. e desobre. — 1911 fai, *ms.* fan.

« So es mossenher que ve d'oltra la mar! »
Dedins s'adobo per los fors assautar.
« Estam menbrat cant auzirat cridar. »
E Beto s'arma, viest .j. bon auberc clar,
1920 E la espeia jes no la vol laissar,
E Daurel altre, ges non o vol tarzar;   v°
Gran ac la barba, qu'om nol poc albirar :
Ben a vij. ans no lais laissetz ostar.
El pros Daurel los va tost ajustar,
1925 E pueis tan gent si los vai castiar :
« Negus de vos no i an esperonar
« Tro que nosaltres vos lai augatz cridar,
« Pueissas vinetz, que degus no esper som par! »
Una gran capa va Daurel afublar
1930 E Betonet ne fai altra portar,
Prendo lor vieulas a guiza de joglar,
E[l] pros Daurel vai Beto essenar :
« Senher, » dit el, « cous sabret capdelar :
« Ieu cantarai, vos devet escoltar.
1935 « Dirai tal re queilh poira enojar,
« Mon essien el me volra tocar. »
So dit Beton(et) : « Et ieu tost al vengar! »
Entro al trap non volo restancar.
E quant cilh vengro, Guis secia al manjar;
1940 Guis lo escria : « Joglar, vinetz mangar. »
So ditz Daurel : « Volem vos deportar. »
E Betonet pren .j. (bel) lais a notar,
El pros Daurel comenset a cantar :
« Qui vol auzir canso, ieu lh'en dirai, som par,
1945 « De tracio que no fai a celar
« Del fel trachor Guio cui Jhesus desampar! »
E Guis tenc .j. coltel, vol a Daurel lansar,
El pros Beto vai sa vieula gitar,

1917 Dedins, *ms.* De dieus. — 1917 *Ms.* p. las forsas sautar. *Il doit manquer quelque chose entre ce vers et le suivant.* — 1928 *Corr.* qu'us? — 1932 vai, *ms.* via. — 1933 *Lacune entre les deux hémistiches?* — 1942 *Ms.* Botonet. — 1945 *Corr.* D'una gran t ?

E pres sa capa molt tost a despolhar,
1950 E trais la speia, va lhi .j. cop donar,
E lo bras destre fai a tera volar.
« Antona ! » crida, molt altamen e(l) clar :
« Tuh es miei home, c'us nois n'auzan tornar. »
Cil del castel quant auziro cridar,
1955 Obron las portas, van si amb els mesclar. *f°109*
Vec vos pongen [a]quels d'oltra la mar,
Que re no i ac mas del desbaratar.
Aqui viratz tanta testa trencar,
E tant baro caser (et) e t[r]abucar,
1960 Tan chivalier morir et derocar,
Tant pe, tan poinh per mieh lo camp volar !
E Daurel vai los baros a[m]parar,
Acels a pe, qu'om nols auza tocar,
Quel tracher Guis i fai(s) forsat[z] estar,
1965 Sos chivaliers laisa totz afolar,
Grans gaus n'an cilh qu'en podo escapar,
Que anc negus no i atendec som par.
L'efan Beto vai Gui fort escapar,
Per mieh la gola[lh] fai .j. liam gitar,
1970 Elh(i) fil (de) Daurel van lur (senhor) paire baiar,
E pueissas van lur senhor abrassar,
Aqui virat tan gran gauh demenar !
Lo pros Daurel comensa demandar :
« On es ma molher que ieu puec tant amar ? »
1975 Ilh li respondo : « No la podetz mostrar,
« Tant tost mori quan vos en vi anar. »
Daurel o au, non pot em pes estar :
Enblesmat ca, e van lo cofortar ;
E Betonet vi Daurel engoissar,
1980 Ac ne tal dol comenset a plorar.
Trastut [li altre] van Daurel cofortar,

1951 volar, *ms.* volhar. — 1955 van, *ms.* vai. — 1960 *Ms.* cihualier. — 1968 escapar, *corr.* estacar? — 1972 gauh *ou* guah; *le ms. est taché à cet endroit.* — 1975 podetz, *corr.* podem.

Del dol que fa lo prendo a blasmar :
« Ab vostres fils vos deves alegrar. »
Cominalmen *s'en pez*......... ar

1985 Tro al mati *queis pres ad*...... ar,
Tuh vas Peitieus eli.....ad anar ;
E[l] pros *Daurel a fah Guio cobrar*,
Dret a la coa del bon caval liar ;
Entro (a) Peitieus lo fan tras si cornar.

1990 Cilh de la vila si fan los senhs sonar,
Tuh rev[e]stit van Beto amparar ;
E li borzes prendois Dieus a lauzar
Quar lor a dat lor senhor a cobrar ;
Aqui virat tan gran gauh demenar,

1995 Tant bon tapit per las ruas gitar !
Daus totas part[z] los virat alegrar.
« Ai ! senher Dieus, mol vos devem lauzar,
« Quens aves fah nostre senhor cobrar ! »
Don' Emengart au la bruda levar,

2000 De l'aut palais comenset a garar
E vi Guio tot sanglen rosegar,
E cor encontra per novas demandar ;
.I. donzel troba que be la[s] saup comtar :
« Domna, » dit el, « beus *er ad* alegrar ;

2005 « Veus vostre filh qu'es *vengut* d'oltramar.
« El tracher Guis *ac fah tras si* menar. »
Au o la dona, no si vol estancar :
So filh encontra, si lo vai tost baigar,
El pros Daurel si loilh vai pre[n]zentar,

2010 E[l] fel Guio lhi van desse lieurar,
Dis o Daurel (lhi domna) : « Fais cest tracher gardar. »
So dit la dona : « Fais lo al vent levar. »
Daurel respon : « Farai lo cofesar

1984-7 *Le bas du feuillet est taché. Les mots soulignés sont douteux. Au v.* 1985 *il serait aisé de restituer* ajornar, *mais ce qu'on distingue des lettres presque évanouies ne s'y prête pas.* — 1999 la bruda, *ms.* lo brut da. — 2002 per, *ms.* pre. — 2012 vent, *ms.* venc.

« Qu[e] el ausis lo bon duc al vengar. »
2015 E Betonet fa sa ost albergar;
Ab molt gran gauh van el palais montar,
La nueh sojorna *tro* venc *al dia clar*.
E[l] pros Beto fa sa cort *ajustar,*
El fel pescaire fa....................
2020 So es Abram quel......................

XLVIII

Cilh de Peitieus an lor senhor cobrat, *f*° *110*
Trastut essemp en an gran gauh menat;
Al bo mati son denan lui anat,
Tant bel prezen li an [ilh] aportat :
2025 Qui palafre, qui caval sojornat,
Qui copas d'aur, qui ric pali(tz) rodat.
Aqui s'ajusto ab gran alegretat,
Rendoilh las forsas de trastot lo regnat,
Totas las vilas que ero del dugat :
2030 Coms es e dux e an lh'o autregat.
Veus lo borzes que tan l'a deszirat,
Quel dux son paire l'avia tostemps onrat
E n'Aicelina e sos frairel menbrat.
E n'Aicelina n'a Beton rasonat :
2035 « Bels fils, » dis ela, « mol vos ai desirat,
« Be sapiatz .c. vetz vos ai baizat,
« Drestan fui a tor[t] et a pecat,
« Mal m'en batet cel traje renegat
« Que ieu vey lay estar encadenat.
2040 « De tal perilh ieu vos vey escapat,
« Lo mal quem fero non ay pas oblidat :
« Dat mi Abram que vos a espiat.
— Domna, » dis el, « be vos er autregat. »

2014 *Il y a selon toute apparence, une lacune entre* duc *et* al vengar. — 2021 *et suiv. Presque toutes les finales de cette tirade sont terminées par un* z *ou par un signe équivalent.* — 2037 Drestan, *corr.* Destrecha n' ?

Puiessas la pren e baia l'a privat,
2045 Be sap com es, Daurel l'o a comtat;
Enans qu'en parca el lhi a mot donat :
.I. ric castel ben bo et afozat(?)
El fel pescaire aqui(?) es vieu(e)s escorgat.
De totas partz si foro ajustat,
2050 E Betonet si a Gui apelat :
« Digas, fels coms, aujam la veritat, v°
« Cum fo del duc que aves afolat ?
— Senher, » ditz el, « ja no vos er selat :
« Be lo ai mort per [ma] granda foldat. »
2055 El pros Daurel a Beto apregat :
« Coms debonaire, non aias pi[at]at,
« A mi[l] donat : mo filh verrai vengat
« Qu[e] el m'ausis, ieu rendrai lh'en son grat. »
Respon Betos (Betos) : « A vostra volontat. »
2060 Vezen de totz el a Gui estacat
Plan a la coa d'un destrier sojornat,
Per mieh Peitieus l'a pertot rosegat,
E pueis lo fa gitar en .j. valat.
A icest traire i a pauc guazanhat,
2065 Que li voltor e li corp l'an mangat.

XLIX

Tuh li baro son en gran alegrier,
Car an trobatz lur senhor dreturier.
L'efas Betos pres Daurel apelier :
« Ai ! senher paire, tant(?)... gran plenier,
2070 « Totas mas terras vos autrei per mandier.
« Qui vos non amara ieu nol volrai amier,

2058 rendrai, *ms.* rendran. — 2060 tozt, *ms.* tost. — 2064 *Ms.* guazasniatz. — 2069 gran, *qui est parfaitement lisible, ne donne pas un sens admissible. Corr.* gauh ? *On pourrait restituer* tant avem gauh p. — 2071 *Si telle est réellement la leçon (le ms. est fortement taché à cet endroit), il faudrait corriger* amara *en* ama.

« E qui vos ama ieu lo volrai amier. »
E n'Azemar que lh'ajudec (molt) volontier
Da l'Aspremon que mot fai a prezier,
2075 E [de] Bertran el a fah chivalier,
Dalh .ij. castels a trastot son mandier,
Del menor fraire el a fah escudier ;
Quant sera tals *fara lo*. . . . . .
Aisi son. . . . . *an*. . . . . . .
2080 Pueissas trametz per sa gentil molher,   f˚ 111
Ab ela vengro mai de .M. cavaliers,
So nom li laissa, que (no) nolh vol cambier :
Domna Erimena si fai ben apelier.
Lo coms la pres a Sant Alari el mostier ;
2085 Tostemp estero ab mot gran alegrier.

L

So es en mai quan li ram per la flor
E li boisso recobro lor odor ;
Lo coms Beto fo de granda valhor,
Venc a sa maire, baia la per amor :
2090 « Domna, » dis el, « mot soi en gran tristor
« Se ieu nom vengue del fel emperador
« Que cosenti a (don) Gui lo traïdor,
« Qu'aucis mon paire a dol et a tristor,
« E vos vendet a granda dissonor
2095 « C[e]l felo traire que vos ac ad oissor,
« Que a Daurel ausis so filh menor.
« Se nom fugis al rei amparador
« Quem dec sa filha a la fresca color,
« El m'agra mor[t], non agr'amparador.
2100 « De Gui so venges, merce del Criator :

2073 ajudec, *corr.* aidec? — 2084 Lo coms pres l'a ? — 2086 *S'il ne manque pas un vers après celui-ci, on pourrait corriger* q.el ram par? — 2094 *Le bas du feuillet est à partir d'ici taché d'humidité en diagonale, la fin des vers ne se lit qu'avec peine, les mots soulignés sont rétablis par conjecture.* — 2097 nom, *ms.* mon.

« Anc no fui filhs de Bovol ponhador(?)
« S'ieu ans d'u mes nolh gasti sa honor;
« Et es mos oncles, Dieus l'en don dissonor!
— Fils, » dis la dona, « Dieus ti crega valor(?)!
2105 « Car l'emperaire es de tan gran ricor(?),
« Vostre parent so sieus homes melhor;
« Entre vos dos non *sia mala rancor*!
« .J. mesage prendetz ab destrier corredor,
« Trametes lo K. l'emperador
2110 « Queus fasa dreit de la gran dissonor,
« Car el lieuret a *Guio sa seror*;
? Ce no fa non vol......... ador
« Ans de .x. ans dresse son auriflor.
« Vos aves dret et iretz sobre lor,
2115 « Ab vos iran .c. melia cavalgador,
« De l'amira[t] vos venra gran socor. »
So dit lo coms : « Dieus [vos] fassa honor,
« Que anc nulh hom non ac maire melhor;
« Ieu vol vengar lo ric duc so senhor.
2120 « Aisi o farai (dona), que no i aura tras[t]or. »

LI

Lo coms Beto si apela Bertran :
« Am[i]x, » dis el, « aliet vos adobar,
« Et ab vos sian .ij. cavaliers valhan,
« L'us n'Azemart e l'autre Gauseran,
2125 « A l'emperaire vos n'anatz mot(z) corran,
« Nol saludetz nil fassatz bel semblan,
« E digas lui que ieu lou vau desfizan,
« Ne patz ni treva no lhi vau demandan,
« Car cosentic mon deszeretamant,
2130 « .XV. saumiers cargatz d'aur e d'argan

2108 *Corr*. Prendetz mesage ? — 2113 ans, *corr*. jorns ? — 2114 iretz, *ms*. rei. — 2122 *Corr*. adoban ? — 2127 lui. *ms*. liu *ou* lin.

« Ac per ma maire, vendec la ab aitan.
« Ieu son .... er, merce Dieu veramen,
« Ges no l[o] tenc per senhor ni per paran ;
« Tant cant ieu puesca portar mon garniman
2135 « Non aura patz a totz lo mieu vivan.
« Saludas mi lo palazi Roulan,
« Per amistat liei portat .j. mieu gan ;
« Mos parens es, nom deu noser nian,
« .... K. a guiran
2140 « .... Adan. »
Ditz n'Azemars : « A vo(stre) comandaman, f° 112
« Jal vostre dret non irem [nos] laissan. »
Los bos destriers an celat ab aitan,
E li baro s'en van ardidaman,
2145 Cadaüs a son riche garniman,
Albercz e lan[c]es et espegas trencans ;
En .iij. jo[r]nieigas, ses totz reteneman.
Son a Paris e l'ausor mandaman.

LII

En Azemar apelec lo portier :
2150 « Amix, » dit el, « laïns volem intrier,
« Davas Peitieus em nos .iii. messagier. »
E cilh respondo : « Per Dieu, motz volontier,
« Mas de lai foras remanran li distrier. »
E ilh montero sus el palais plenier ;
2155 Denant lo rei s'en van tuh ajustier,
E Gauserans a parlat tot prumier,
Car el es vielhs e volo la (?) ....
E fon be savis per la razo contier,
Bos cavaliers per las armas portier.
2160 « Dieus sal et gartz Roulan et Olivier,
« E si saludi trastot los .xij. pier

2132 Après son il y a un trou causé par une mangeure de vers.
A partir de ce vers, le bas de la page est fortement endommagé par une tache d'humidité. — 2133 lo, ms. nol.

« De part (de mi) Beto, lo bon comte guerier.
« No salut mia cel que a lo vis clier,
« Aiso es K. cui Dieus don desturbier,
2165 « Car det sa sor per argen et (per) aur clier.
« En est palais vengro .xv. saumier(s),
« Al trachor Gui la donet per molher
« Que Betonet cujet a mort lieurier ;
« En loc de lui feri ad .j. pelier
2170 « Ab .j. efan qu'era filh de joglier ;
« Pueis Dieu del cel cil n'a fahc (es) capier,
« La sua mort el vos vol demandier :
« De Guis es vengues, vos no vol perdonier.
« Ges nous promet sodadas ni deniers,
2175 « Mas, pel Senher que tot[z] nos fa parlier,
« Ja no vieuret .j. mes trastot plenier
« Qu'el vos fara ira(t) e desturbier ;
« Tant com el puesca sos garnimens portier
« Non lo(?) viret (?) .iiij. jorns repairier. »
2180 E l'emperaire pren l'en a regardier
Pren s'en a rire e..... son cap a crolier :
« Amix, » dis el, « mot as corage fier,
« Car tu aisi m'est vengutz menasier
« Anc mai non....................
2185 « Mas mon car............ amier
.... donier
..... lo dret(?) .... sabra jutgier
.... or chivalier
.... reprocier(?)
2190 .... redre .....
..,...................... l'en apelier
.. .. companhier
.... portier
.... rier
2195 .... dier

2181 *il semble qu'à la place des points le ms. ait encore une fois* pren, *qui naturellement est à supprimer.*

LIII

....
.... t'ampar
.... ar

VOCABULAIRE

A 195, ab 114, 153, am 847, amb 1955, *avec;* ab...que, *à condition que, moyennant que.*

abans, *avant,* 831; *mais, au contraire,* 1771.

abergar 1537, *pour* abeurar.

abracier, *voy.* abrasar

abrasar 1461, abracier 261, abrasier 70; *embrasser* [*quelqu'un*]; [*mettre l'écu*] *au bras,* 1461.

abrasier, *voy.* abrasar.

abrazar 979, *embraser.*

abribar, *voy.* abrivar.

abrivar, abribar 1459, abrivatz 1275; abriva 1569; *entraîner un cheval, le rendre propre à la course;* abrivatz 1724, 1755, *qui est lancé au galop.*

abtant 203, abtan 78, 291, *alors.*

ac, *voy.* aver.

acabar, acabatz 422, 746, 1273, *achever.*

acces, *voy.* aver.

acels, *voy.* aicel.

acore 1733, *secourir.*

acosselhar, *part.* acoselhatz 983; *ind. pr. pl. 2ᵉ p.* acosselhatz 619; *réfl., prendre conseil;* acoselhatz (*part.*) 983, *qui a pris conseil, avisé.*

acossegre, acosseugutz 1341, *atteindre.*

aculhimen 193, arculimen 54, *accueil;* de bels aculimens 1410, *qui accueille bien, qui a un abord agréable.*

aculhir, arculhir 116, *accueillir, recevoir* [*qqun*].

acumiadamen 1493, *congé*.

ad *suivi d'un mot commençant par une voyelle*, 32, 69, 75, az 108, 816, *à*.

adesmar 368, *estimer, évaluer*.

ades 579, 773, *aussitôt*.

adobar 1071, 1286, s'adoba 1610, adobatz 603, 609, *préparer, mettre en état*.

adops 1713, 1725, *vêtement militaire, armes défensives, anc. fr.* adous.

adresar 1595, *diriger*.

adzaut 1610, *adj. pris adverbialement, bien, comme il faut*.

afar 1425, de ric afar, *de même en anc. fr.* de haut afaire, *de grande situation*.

afizar 825, *part.* afizat 862, *assurer, garantir* [*par engagement*].

afolar 850, 924, 1965, afolat 402, 453, 458, 794, *tuer, massacrer*.

afublar 1929, *revêtir*.

agardar, *impér.* agardes 793, *regarder*.

agatz, ages, *voy.* aver.

aglaziar, aglaziat 449, *tuer par le glaive*.

agues, *voy.* aver.

ai 318, 525, 1780, 1784, ay 390, *particule exclamative, ah!*

aiam, aiatz, *voy.* aver.

aicel, *pronom démonstr., cas rég.* 1009, *ce;* acels 1963, *ceux*.

aissi (*pour* aici) 1479, aisi 210, 1906, *ici*.

aitan 1218, *autant;* ab aitan 2131, *alors, là dessus;* aytant cant 809, *tant que*.

ajudar 223, 376, 1314, *subj. pr. sing. 3ᵉ p.* ajut 407, 1259, *aider*.

ajustar 202, 1041, 1924, ajustier 153, 2155, *assembler*.

al, *voy.* alres.

alachar 1056, *part.* alautatz 1242, aleutatz 1017, *ind. pr. sg. 1ᵉ p.* alaita 706, *alaiter*.

alargar 363, *impér.* alargatz 1720, *lâcher (des chiens)* 363; *ouvrir largement (une porte)* 1720.

alautatz, *voy.* alachar.

albirar 1922, *penser, imaginer, se figurer*.

alegramen 174, *joie, allégresse*.

alegrar 206, 349, 1683, *part.* alegratz 589, 784, 812; *impér.* alegratz 805; *se réjouir, être joyeux*.

alegre 1124, *allègre, joyeux*.

alegrier 169, 1577, *allégresse*.

VOCABULAIRE 77

aleutatz, *voy.* alachar.

alh, *pour* a li, 787.

alier *(en rime)* 75, 90, *impér.* aliet 2122 ; *aller.*

alres 264, *autre chose.*

alreus 917, *pour* alre vos.

als 1536, *pour* a (habet) los.

alue *(ms.* ague) 15, *aleu.*

am, amb, *voy.* ab.

amagar 1485, *part. passé* amagatz 1500, magat 1244, *cacher.*

ambas 301, *toutes deux.*

ambidoi 873, 1007, ambidos 1608, amdoi 1886, amdoy 29, amdos 1032, 1764, *tous deux.*

amdoi, amdos, *voy. le précédent.*

amiratz 1270, 1271, *etc. émir.*

amparador 2097 (*corr.* emperador?), 2099, *protecteur.*

amparar 1962, 1991. *subj. pr. sing. 3e p.* ampar 218, *protéger ; recevoir. accueillir,* 1991.

anar 356, annar 1079, anier (*en rime*) 108, *part.* anatz 335 ; *ind. pr. sing. 1e p.* vau 2127, *3e p.* vai 114. 353, vay, 70. va 77, 116. *pl. 3e p.* van 491 ; *prét. sing. 3e p.* anec 288; *fut. sing. 1e p.* irai 45. iriei 1506, *pl. 1e p.* irem 930: *impér. sing. 2e p.* vay 66, vai 213,

pl. 1e p. anem 67, 2e *p.* anatz 335, anas 50 ; *subj. pr. sing. 1e p.* an 72, *3e p.* an 1926, *pl.* 2e *p.* anes 43 ; *aller; employé comme auxil. avec un inf.* 70, 351. *Voy.* alier.

anc 466, anc mai 497, *onques jamais.*

angils 419, *ange.*

ans 120, 121, 242, *avant.*

anta 245, 265, *honte, déshonneur.*

anuier, *voy.* enojar.

aparegier, *voy.* aparelhar.

aparelhamen 1889, *appareillage, préparatifs de départ, en parlant d'un navire.*

aparelhar, aparegier *(en rime)* 105, *part.* aparelhatz 1003, 1727, aparegat 249, *préparer.*

apertenemen 200, *dépendance.*

apres 381, 1068, *auprès.*

aprosmatz 440, *approché.*

aqui 864 *ici*, aqui mezis 1888, *ici même.*

araus 1305, *pour* ara vos.

arculimen, arculhir, *voy.* aculhimen, aculhir.

ardre 1834 ; *part. fém.* asa 612 ; *brûler.*

arestamens 1388, *arrêt.*

arestazo 1149, *arrêt.*

aribar 914, aribatz 801, 991, 1694, *aborder, arriver; au fig.* 801, *sauvé.*

arpa 1074, *harpe.*

arpier 84, *jouer de la harpe.*

arsos 1761, *arçons.*

artre (*pour* altre) 1754, *autre.*

asa, *voy.* ardre.

asadar, asadat 894, *rassasier.*

asagar 270, *essayer, éprouver.*

asegurar, aseguratz 1018, *assurer, garantir.*

asetiamen 1405, *siège.*

asetier (*en rime*) 229, 250, asetiatz 986, *réfl., s'asseoir.*

assimen 35, *aussi, de même.*

asta 1594, 1716, 1757, *lance.*

astre, bon — 1533, *bonne chance.*

atresi 136, *aussi, également.*

atrigar, *part.* atrigatz 1538, 1719, *réfl.. tarder.*

atrobar, atrobatz, 1215, 1236, *trouver.*

au, aüda, *voy.* aver.

aucire 1659, auscire 1829, *prét. sing. 3e p.* aucis 599, 1156, ausis 274; *fut. sing. 1e p.* ausirai 190, *3e p.* ausira 304; *subj. pr. sing. 3e p.* ausiza 654, *pl. 2e p.* ausigatz 764, *occire, tuer.*

aüdas 921, *épines, piquants*

audre 33, *autre.*

auh, aujo, *voy.* auzir.

auriflor 2113, *oriflamme, bannière.*

ausar, *ind. pr. pl. 2e p.* auses 235, *oser.*

auscire, *voy.* aucire.

ausor, *voy.* auzor.

austors 1135, 1568, *autour, oiseau de chasse.*

autamen 1850, *à haute voix.*

autar 531, *autel.*

autregar 216, autrear 214, *part.* autregat 2043; *ind. pr. sing. 1e p.* autrei 157; *impér.* autreas 572; *octroyer.*

autruei 1593, *autrui.*

auzir 1, *ind. pr. sing. 1e p.* auh 565, *3e p.* au 300, 555, 580, auh 565 ; *impér. pl. 2e p.* aujas 308 ; *subj. prés. pl. 2e p.* augatz 1927, *3e p.* aujo 15 ; *cond. imp. pl. 2e p.* auzirat 517 ; *entendre.*

auzor 1177, ausor 126, 196, 478, 650, 2148, *élevé, épithète ordinaire de* palais.

aver, *part. passé fém.* aüdas 1690; *ind. pr. sing. 1e p.* ay 84, 119, au 165, *2e p.* as 405, *3e p.* ha 67; *prét. sing. 1e p.* ag[u]i 459, *3e p.* ac 77; *impér. pl. 1e p.* aiam

VOCABULAIRE 79

338, 2ᵉ *p.* aiatz 628, agatz 612, 752 ; *subj. imp. sing.* 3ᵉ *p.* agues 185, ages 446, *pl.* 2ᵉ *p.* acces 408, 3ᵉ *p.* aguesso 896 ; *cond. imp. sing.* 1ᵉ *p.* agra 409 ; *avoir.*

aver 98, 580, 623, 1517, *avoir (subst.) biens meubles en général, en particulier l'argent.*

averrar 389, *se vérifier.*

avesprier 109, *inf. pris substantivement, soir.*

avinen, d' — 1851, *convenable, à propos.*

azirar 533, azirier 244, *prendre en haine.*

Ba 1437, *cela.*

baiar, baiatz, baier, baigar, *voy.* baisar,

bailar, bailatz 423, baila 1022, *bailler, livrer,*

baisar 357, baiar 638, 1970, baier 159, baigar 2008, bayzier 104 ; *part.* baiatz 594 ; *ind. sing.* 3ᵉ *p.* baia 326, 2044. bauza 725, baza 1191, *pl.* 3º *p.* bauzo 28, bauzan 728, *baiser.*

baisar, *prét.* baiset 1320, *baisser.*

bando, a — 21, 733, *pleinement, sans restriction.*

barnatz 610, 1688, 1705, *l'ensemble des barons.*

bategar 351, *ind. pr. sing.* 3ª *p.* batie 279 ; *subj. pr. sing.* 3ᵉ *p.* bateie 278, *baptiser.*

batiamen 1861, 1867, *baptême.*

batie, *voy.* bategar.

batre, bat 556, *battre [les mains, en signe de douleur]* ; *prét.* batet 2038.

baudor 648, 656, *joie, contentement.*

beis *pour* ben se 80.

belcatz 1714, *désigne une sorte de garniture de l'écu, p.-ê. la housse qu'on mettait parfois sur l'écu pour en protéger les peintures, voy.* Villehardouin, éd. de Wailly, § 132. *Ou* belcatz *est-il corrompu? on pourrait proposer* bendatz.

benga, *voy.* venir.

bertz 95, *peut-être le même que le français* vair, *sorte de fourrure.*

beure 1072, *boire.*

beus, *pour* be vos, 102.

bevolen 43, *amis, partisans.*

bliautz 112, brizautz 1246, 1432-6, 1440, *bliaut, sorte de vêtement de dessus.*

blizaudo 1815, *diminutif de* blizaut.

boisso 2087, *buissons, petits bois.*

bona 885, *heureusement, sous une heureuse étoile.*

bordir 114, *jouer*.

borgues 688, 938, borges 713, 732, *bourgeois*.

bosc 367, 483, *bois*.

botos 344 *boutons*, boto *pris au v. 1151 comme terme de comparaison*.

bracos 337, *chiens braquse*.

brandir 1594, *ind. pr. 3ᵉ p.* brandis 1716, 1737, *brandir*.

brassa 1240, *brasse, ce que peuvent contenir les bras*.

bresol 282, *berceau*.

bresolet 1010, *diminutif de* bresol.

breu, en — de temps 1025, *en peu de temps*.

briar, briatz 1759, *briser*.

brizautz *voy*. bliautz.

brocar 372, broca 1718, 1755, *piquer [de l'éperon un cheval]*.

bruda 1999, *bruit, rumeur*.

brut 1773, *même sens que* bruda.

budels 575, *boyaux*.

Cabdelier, *voy*. capdelar.

cabes 1792, *tête; ne se trouve dans Raynouard, II, 319, qu'au sens de « chevet »; tel est aussi le sens principal de ce mot dans les patois, voy. le Dict. de Mistral*.

cabiro 719, 1164, *chevron*.

cada 1347, *chaque*.

cadaüs 68, 194, cadaüns 1363, cadaün 112, *chacun*.

cadenatz 418, *enchaîné*.

cadieura 116, *chaise*.

cairatz 1779, *carré*.

caires 1346, *côtés*.

cal, *v. impers.*, 1053, *il faut*.

canso 1. *chanson de geste*.

cap 1289, *tête [d'une troupe], le premier rang*.

capa 1929, 1949, *cape*.

capdelar 1086, 1677, 1908, 1933, capdelier 158, cabdelier 91, *part*. capdelatz 1774; *ind. pr. sing. 1ᵉ p.* capdela 544; *subj. pr. sing. 3ᵉ p.* capdel 1062; *guider, conduire [une armée]* 158, 544; *gouverner, maintenir [sa famille]* 91, 1086; *réfl., se conduire, agir*, 1677, 1774, 1908, 1933.

captener, captenrai 1123, *gouverner, défendre*.

car 792, *que, de ce que*.

car, tenir en car 236, en quier 164, 1023, 1037, en chiers 1571, *tenir cher*, cf. Ferabras v. 10, que l'avia en chier.

cara 176, 450, 493, 496, *visage.*

cartier, escut de — 1350, *très probablement l'écu divisé en quatre quartiers par deux bandes de fer se croisant à angles droits. Une explication différente, mais fort douteuse, a été donnée par Gachet, au mot* quartier.

casador 448, *chasseurs, synon. de* venador.

castelier 86, *château. Le nom de lieu* Châtelier, Châtellier *est particulièrement fréquent dans l'Ouest.*

castigar 387, castiar 1925, castiatz 1785, *exhorter.*

caszer, *voy.* cazer.

causea 314, *chaussée.*

cautieu, (captivus) 990, *infortuné.*

cauzimen 691, (*joint à* merces, *cf. le gloss. de la Chanson de la croisade*), 694, 1103, 1389, 1619, *considération juste et équitable, par suite, discrétion*, 1103 ; *scrupule*, 1619.

cavalgadas 1117, *chevauchées, incursions faites à la tête d'une troupe de cavalerie.*

cavalgador 2115, *chevaucheurs, cavaliers.*

cavalgar, cavalgier 101, cavalga 177, *chevaucher.*

cazer *(oxyton)* 521, 1087, caser 1958, caszer *(paroxyton)* 1176, *part.* cazutz 1342; *ind. pr. sing. 3º p.* ca 490, 1353, *pl. 3º p.* cason 994, *cheoir.*

ce, *pour* se, 499, *soi.*

cela 178, celas 903, *selle* [*d'ivoire*].

celar, celat, *pour* selat, 2143, *seller.*

cerem, *voy.* esser.

ceze *voy.* sezer.

chaple 1347, *action de frapper, combat.*

chiers, *voy.* car.

cira, *voy.* sire.

cisclato 726, *étoffe de soie, voy. le gloss. de la Chanson de la crois. alb.*

citola 1420 (*p.-ê proparoxyton, auquel cas il faudrait supprimer la correction proposée*), *cithare; voy.* Littré.

civada 1129, sivada 1107, *avoine.*

clar 1336, 1919, clier 95, 141, 2163, *épith. de* vis 141, 156, 2163, *clair.*

clar 1752, clier 79, *adv., à voix claire.*

clatz, a un — 1560, *d'un seul cri, d'une voix unanime; cf. le gloss. de la Chanson de la croisade.*

clier, *voy.* clar.

co, *voy.* com.

cobeutar, *ind. imp. pl.* 2ᵉ *p.* cobeutavatz 406, *convoiter.*

cobrar, *part.* cobratz 616, cobrada 679, *recouvrer.*

cobrir, quobro 1037, *couvrir.*

cocha 854, *hâte.*

colbes 1593, *coups.*

colcar, *subj. pr. sing. 3ᵉ p.* colque 734, *coucher.*

colssel 673, colsel 675, *conseil.*

com 549, co 548, cum 486, *comment.*

comdessas 665, *comtesses.*

comiar, comiada 685, *congédier.*

comiatz *(3 syll.)* 1532, cum-jhat 168, *congé.*

compag[n]ier 71, 162, *compagnon.*

companh 21, 73, 125, 456, compainh 1753, *suj. et rég. compagnon.*

companhia 16, 28, *association amicale existant entre deux personnes.*

conhatz 574, *beau-frère.*

conquerre, conquerem 319, conquero *(fut. ou subj. prés.?)* 321, *conquérir, réduire complètement en son pouvoir.*

conres 709, 1797, *vivres.*

contendre 615, *ind. pr. sing.* 1ᵉ *p.* conten 1883, *contester, disputer.*

contrastar, contrastatz 753, *contrarier.*

coratjes 631, *cœur.*

cor, aver —, 1122, *avoir désir.*

cordatz 1488, *lacé, fermé avec des cordons.*

coredos *voy.* corredors.

corn 531, *coin.*

cornadors 770, *corneurs.*

cornar 1808, 1989, *impér.* cornatz 771, *corner, proclamer à son de cor.*

corossar 269, corossatz 1784, *réfl. se courroucer.*

corp 2065, *corbeaux.*

corran 310, *courrier.*

corredor 346, 2108, corredors 1136, coredors 340, coredos 1129, *coureur, épith. de* destrier.

cortegier 73, *visiter la cour.*

cortes 1319, *courtois.*

cossi 587, 793, 1787, *comment, de quelle manière.*

cossirar, consiratz 1707, *réfl., considérer, penser.*

cous 254, 1933, *pour com* vos.

covenir, *ind. pr. sing. 3ᵉ p.* coven 1891; *prét. sing. 3ᵉ p.* covenc 369 ; *fut. sing.* *3ᵉ p.* covenra 125 ; *cond. imp. sing. 3ᵈ p,* covengra 1271 ; *réfl.* 1891 ; *impers.* 125, 369, 1271, *être nécessaire, falloir, être approprié à.*

covidar 227, *convier, ou plutôt faire accueil.*

covinen 182, r565, *part. prés. de* covenir, *bien fait, bon; pris adverbialement* 1610.

cramba 323, crambas 1246, 1463, *pour* cambra, cambras, *chambre.*

crebier 508, *crever.*

creire, *ind. pr. sing. 1ᵉ p.* cre 592 ; *fut.* creires 330 ; *subj. pl. 2ᵉ p.* crezatz 601, creras (*pour* crezas) 328, *croire.*

creisser 567, *part* cregut 1274 ; *subj. pr. sing. 3ᵉ p.* crega 2104; *croître (activ.).*

cremar, crematz 993, *brûler.*

creras, crezatz, *voy.* creire.

crolier 2181, *crouler, remuer.*

cros 1887, *croix.*

cui 1642, 1798, 1804, *de qui, à qui.*

cujar, cuh 1729, cuja 104, cuga 382, cujava 185, *penser, imaginer.*

cum, *voy.* com.

cumergar, *imp. pl. 2ᵉ p.* cumergas 428, *donner la communion.*

cumjhat, *voy.* comiatz.

Daih 1851, dalh 2176, *pour* da li.

daimas 496, *dames.*

dalfis 1423, *dauphins.*

dar 322, *part.* datz 170; *ind. pr. sing. 3ᵉ p,* da 2074, 2076; *prét. sing. 1ᵉ p.* diei 1836, *3ᵉ p.* det 2165, dec 2098; *fut. périphrastique* dar l'em 322, dar la vos a 413; *impér. sing.* da 1851, 1871, *pl.* das 574, 842, dat 971; *subj. imp. sing. 3ᵉ p.* des 1064 ; *cond. prés. pl. 2ᵉ p.* daries 183, *donner.*

darier 358, *dernier.*

darocar 1311, daroquier 1367, darocat 457, *renverser.*

datz 1277, 1528, *dés à jouer.*

dauratz, 1718, 1761, *dorés.*

daus 1996, *devers.*

de exclamatif, *comme en prov. mod.,* 273, 487 ; *partitif* 1890 ; *au sujet de* 660, 1125 ; *cf.* avinen.

decosta 499, *auprès.*

degolar 1310, *renverser.*

deh, *voy.* dever.

dejos 379, *au dessous.*

delatz 748, 1203, 1261, *auprès.*

delir, delit 1664, *détruire, mettre à mort.*

demandar 1305, demandier 2172, *demander compte [de la mort de qqun].*

demanes 715, 1802, *sur-le-champ, aussitôt.*

demenar gauh 1972, *se réjouir;* anc. fr. « mener joie. »

dementir, dementitz 403, *démenti, accusé de mensonge.*

demestz 1329, demest 1342, *parmi.*

denhar, *prét.* denget 362, *réfl. daigner.*

denteilhs 952, *créneaux.*

deportar 205, 1941, deportier 80, 247, deportatz 1503-4, 1209, *act.* 1209, 1941, *amuser; réfl., se déporter, s'amuser.*

derocar 1960, *abattre* (cf. darocar), *p.-ê. tomber, car un verbe neutre conviendrait mieux à la phrase.*

desamparar, *subj. pr. sing. 3ᵉ p.* desampar 263, 1946, desamper 172, *abandonner.*

desbaratar 1957, *mettre en déroute.*

desbatigatz 1746, desbatejatz 1760, *qui n'est pas baptisé, païen.*

desconortar 916, 1053, desconortier 254, *se désoler.*

descubrir, *prét. sing. 3ᵉ p.* descubri 1023, *découvrir.*

descumpaner 257, *fausser compagnie, abandonner; manque à Raynouard.*

dese 635, desse 2010, *aussitôt, sur le champ.*

desebrar 268, *séparer, départir.*

desfizar, *gérond.* desfizan 2127, *défier.*

desleialar, desleialatz 1257, *diffamer, réputer illégitime.*

desmalhar 1318, *rompre les mailles [d'un haubert].*

despolhar 1949, *dépouiller, retirer [un vêtement].*

desse, *voy.* dese.

destret 961, *tourment, torture.*

destrigar, destrigatz 774, *réfl., se retarder, par extension, perdre son temps, se faire tort.*

desturbamen 287, 306, *mal, dommage.*

desturbier 155, 255, *même sens que le précédent.*

deszeretamant 2119, *exhérédation, spoliation.*

det, *voy.* dar.

dever, *prés. sing. 1ᵉ p.* deh 88, dei 349. *3ᵉ p.* deu 1597, *devoir*.

dia 1112, dias 746, *jour*.

diei, *voy.* dar.

dir 118, dire 1421, *part. passé* dih 137 ; *ind. pr. sing. 1ᵉ p.* dic 607, *2ᵉ p.* dizes 468; *prét. sing. 1ᵉ p.* dissi 1833, *3ᵉ p.* dis 22, 52, ditz 88, dit 14 ; *fut. sing. 1ᵉ p.* diray 181, diriei 1001 *3ᵉ p.* diron 402 ; *subj. pr. sing. 1ᵉ p.* diga 397 ; *2ᵉ p.* digas 51 ; *imp. sing. 3ᵉ p.* dises 603 ; *dire;* re non ac que dir 1598, *il n'y eut rien à dire, il ne manqua rien*.

dissonratz 416, *déshonoré*.

dol 557, 560, *douleur*.

donar 208 ; *ind. pr. sing. 1ᵉ p.* do 19; *subj. pr. sing. 3ᵉ p.* do 8 (*voir pour ce vers les add. et corr.*), 327 ; *donner;* 1031, *sans rég., donner un coup*.

donzel 1326, 1434, 1445, *jeune homme, damoiseau*.

dreih 1539, *droit, adv*.

durar 220, 1040, 1065, durier 501, *endurer*.

Ebori 178, *ivoire*.

efas 1416, 1536, 1547, 2068, efan 1452, 1469, *enfant*.

eil 1501, *pour* e li, *et la*.

eilh 1151, elh 448, 472,

1379, *pour* e li, *et eux, et ceux*.

eis 919, *même* (ipse).

el, *pour* en lo, 126.

el, *sing. cas suj.* 138, *il: cas rég.* 114 ; els, *plur. cas rég.* 686, 1517 ; el *art. masc. sing.* (?) 394, 443.

elh, *voy.* eilh.

elme 1326, *heaume*.

em *voy.* esser.

em *particule tirée de* avem *et servant à former le futur* 322, 333.

emb -, emp -, *voy.* enb - enp -.

empenhar 1426, *mettre en gage*.

emplir, *prét. sing. 3ᵉ p.* empli 1127, *emplir*.

en, *voy.* car.

enansar 353, *faire avancer, pousser* [une entreprise].

enant, d'aqui— 864, *dorénavant*.

enbargar, enbargatz 1526, *embarrasser*.

enblamar, 1050, enblesmier 494, *part.* enblesmat 1978, emblesmada 490, *s'évanouir*

encals 1380, *ordinairement poursuite. ici, plutôt le résultat de la poursuite : les prisonniers*.

encaussar 370, *ind. pr. pl. 3ᵉ p.* encauso 1374, *poursuivre.*

encavalgar, encavalgatz 542, *pourvoir d'un cheval.*

encobir, encobida 173, *convoiter.*

encoblar 337, *accoupler, attacher ensemble [des chiens].*

encuei 927, *aujourd'hui.*

engagar 1313, *réfl., s'engager, lutter [avec qqun], proprement, donner le gage de bataille.*

enganar 271, *séduire.*

engenrar, *prét. sing. 1ʳ p.* engenriei 1054, *engendrer.*

engoisar 514 *(réfl.)*, 1979, engoissar 1979, engoisier 498, *être saisi d'angoisse; au v. 498 l'inf.* engoissier *pris subst. a le sens d'évanouissement, cf. v. 490.*

enojar 1935. anuier *(en rime)* 242, *causer de l'ennui, de la peine.*

enpenatz 419, *[ange] empenné, pourvu d'ailes.*

enpenher, *prét.* enpeih 1310, *pousser, heurter. Cf.* espenher.

enquara 1492, *encore.*

enrabiar 1324, enrabier 253, enrabiatz 555, *enrager.*

enrazonatz, gen — 1276, *qui sait bien s'exprimer.*

enrivironamens 1390, *à l'entour; il y a dans Raynouard,* V, 551-2, revironar *et* revironda.

era, eras, *voy.* esser.

eretatz 409, 570, 1272, *biens fonds.*

ermi 727, *d'hermine.*

es, *voy.* esser.

esbaudimens 1399, 1878, *allégresse.*

escampar 1033, *répandre au dehors.*

escaun 230, 563, *banc.*

escax 1137, 1277, 1566, *jeu d'échecs.*

esclasat 448, esclesat 856, *pressé, qui se hâte (comme celui qui est appelé par le tocsin). Manque à Raynouard.*

escoisendre, *part.* escoisendut 458, *prét. sing. 3ᵉ p.* escoisendec 554, *déchirer, ouvrir [le corps].*

escondieire 604, *se défendre, se justifier d'une accusation par la preuve légale.*

escrima 1599, *escrime.*

esdemes, ad — 1790, *à la hâte;* esdemes, *part. passé d'*esdemetre *signifie certainement « qui se précipite, qui se hâte ». voy. le gloss. de la Chanson de la crois. albig.,* endemes, *mais la locution* ad esdemes *ne pa-*

raît pas se rencontrer ailleurs qu'ici; corr. ed esdemes?

esernimens 1600, *sagesse, jugement.*

eservelar, *prét. sing. 3ᵉ p.* eservelet 1838, *faire jaillir la cervelle.*

esforsar 382, *réfl., faire effort.*

esgarar, *impér.* esgaratz 1726, *regarder.*

esmagar, *réfl.* 1082, *se décourager.*

esmeratz 569, *épuré.*

esmolutz 1336, *émoulu.*

esparpalhar 365, 1329, *éparpiller.*

esparviers 1568, esparbiers 1135, *éperviers.*

espasar 1066, *faire passer, dissiper [la douleur].*

espaular 379, *paraît être un infinitif pris substantivement et ayant ici le même sens qu'*espaula, *épaule.*

espaven 1099, *épouvante.*

espeia 1325, 1886, 1920, espeiga 1710, 2146, espezas 543, speia, *après un mot terminé par une voyelle,* 1356, 1950.

espenher 1625, *pousser, heurter, comme* enpenher.

esperar, esperatz 1770, *subj. prés.* esper 1928, *attendre.*

esperonar 1926, *éperonner.*

espia 1285, *espion.*

espiar 1658, *part.* espiatz 1830, 2042, *épier.*

espieutz 373, 396, 441, 513, 1336, espieyt 190, espieu 461, *épieu.*

espleitar 852, espleitier 1371, *part.* espleitat 463, *agir.*

esproar, esproatz 1562, *éprouver.*

esquicier 495, *déchirer; Rayn.,* III, 191, esquissar.

esquinas 374, *plur. au sens du sing., échine.*

esquintar, esquintatz 558, *esquinter, déchirer [les vêtements]; esquinter, bien que très employé en français, manque dans Littré. Il est enregistré dans Larchey,* Dict. de l'argot parisien, *dans Chambure,* Gloss. du Morvan, *etc.*

esselar, *part.* esselatz 1772, *impér.* esselatz 583, *seller.*

essemp 2022, *ensemble.*

essenar (*pour* essenhar), 1932, *enseigner, instruire;* essenhatz 1783, *bien élevé.*

essenhamen 1854, *l'enseignement acquis, bonne éducation.*

esser, *ind. pr. sing. 1ᵉ p.* soi 402, so 576, son 86, *3ᵉ p.* es 14, *pl. 1ᵉ p.* em 1704, *2ᵉ p.* estes 1752, es 413, et 12-3, *3ᵉ p.* son 27, so 131;

imp. sing. 1ᵉ p. era, 394, 2ᵉ p. eras 404, pl. 3ᵉ p. ero 571; *prét. sing.* 1ᵉ p. fui 885, fuei 991, 3ᵉ p. fo, 8, 130, fon 77, foc 796, 948, pl. 3ᵉ p. foro 130; *fut. sing.* 1ᵉ p. serai 574, 3ᵉ p. er 25, 74, 573, 993, sera 297, *plur.* 1ᵉ p. serem 465, cerem 579, 2ᵉ p. seres 403, seret 398; *subj. pr. pl.* 1ᵉ p. siam 1187, 3ᵉ p. sio 212; *imp. sing.* 3ᵉ p. fos 560; *condit. imp.* 1ᵉ p. fora 410, 3ᵉ p. fora 561; *être. Le prét. suivi d'un inf. employé, comme en fr., au sens d' « aller, se trouver » :* can fo ab lui cassar 274, 599, 1655, « *quand il fut à la chasse avec lui* »; *même emploi d'*esser *(au présent) dans la Chanson de la Crois. alb.* 2153-4.

estable 1539, *étable, écurie.*

establir, *part.* establit 1142, *impér. pl.* 2ᵉ p. estables 1106, *fortifier.*

estacar, *part.* estacat 2060, *attaché.*

estai, *voy.* estar.

estancar 818, *part.* estanquat 969; *actif*, 969, *arrêter, fermer [une porte]; réfl.* 818, *s'arrêter.*

estar 211, estier 499; *ind. prés. sing.* 3ᵉ p. esta 549, 1653, ; *imp. sing.* 3ᵉ p. estava 37; *prét. sing.* 3ᵉ p. estec 1246, *pl.* 3ᵉ p. estero 34; *impér. sing.* esta 1312, *pl.* estatz 981, estais 1112; *exister, être situé, résider; réfl.* estai (*pour* esta se) 743; *au v.* 211 estas *est à peu près l'équivalent d'es-*

ser; à *l'impér.* arrêtez! attendez! no pot estar no plor 1190, *il ne peut s'empêcher de pleurer.*

estrada 681, *grande route.*

estrains, *pris substantivement*, 1516, *étranger, opposé à* privatz; *employé comme épithète, au plur.* estranhes 1518.

estrenher, *prés. sing.* 3ᵉ p. estrens (*pour* estrenh) 325, *étreindre, serrer.*

estrieups 947, *étriers.*

estugar, *part.* estugatz 582, *mettre dans un étui.*

esturmen 1414, 1685, *instrument [de musique].*

et, *particule tirée de* avet, *et servant à former le futur*, 1511.

eus 21, *pour* e vos.

eversar 381, *renverser.*

eviar, evia 277, *envoyer.*

evolopar, *impér.* evolopatz 1009, *envelopper.*

Fadatz, mal — 556, 667, *mal doué, maudit à l'heure de sa naissance, malheureux.*

fah 1669, *fait, action.*

faire, *voy.* far.

fairitz (*pour* frairitz) 1299, 1331, *originairement pauvre, faible, ici vaurien, scé-*

lérat; *voy. Gachet sous povres gens.*

faiso 729, *forme corporelle, mais plus particulièrement la figure, la face, cf.* fatz.

faisonatz 793, 1249, *formé, en parlant du visage.*

falcos 1250, 1285, *faucon.*

falha 690, *faute, manque.*

fals 395, 420, *faux, traître.*

fals, *pour* fa los, 365.

[falssar], falssat 1719, *fausser, trouer [le haubert].*

far 44, 165, fier 100, 503, faire 136; *part.* fah 31, fahc 2171, fait 1042; *ind. pr. sing. 2ᵉ p.* fais 256, *3ᵉ p.* fay 105, 149, fai 27, 363, fa 1357, 1575, *pl. 3ᵉ p.* fan 152, 207; *prét. sing. 1ᵉ p.* fih 1839, *3ᵉ p.* fes 113, *pl. 2ᵉ p.* fezes 1634, *3ᵉ p.* fero 2041; *fut. sing. 1ᵉ p.* faray 59, *plur. 1ᵉ p.* farom *(en rime)* 26, farem 297, *2ᵉ p.* fares 712; *impér. pl. 2ᵉ p.* fais 337; *subj. pr. pl. 2ᵉ p.* fassatz 399, fassas 397; *faire; construit avec un inf.* 242, 245, 374, 380, 1055, *donne de l'intensité à l'action marquée par le verbe (comme l'anglais* do); *suivi d'un inf.* 207, *être digne de; impers.* 143, 149, *remplaçant un verbe précédemment exprimé* 654, 1156.

fatz 795, 1023, 1252, *face.*

fels 137, 463, felo 1170, *félon, traître.*

fen 429, *foin.*

ferca, *pour* fresca, 1407, *fraîche.*

ferir 1619, ferrir 1593, *ind. prés. sing. 3ᵉ p.* fer 379, 782, *pl. 3ᵉ p.* fero 1759; *prét. sing. 3ᵉ p.* feri 1746; *fut. sing. 1ᵉ p.* ferriei 1620, *plur. 1ᵉ p.* ferrem 341; *frapper.*

ferois, *pour* fero si, 1622.

feror 481, *subst. abstrait, dérivé du mot suivant.*

fers 553, *sauvage, féroce.*

ficar, 920, *part.* figat 443, *prét. sing. 3ᵉ p.* fiquet 600; *impér.* ficatz 401, *ficher, enfoncer.*

fier, *voy.* far.

filhet 1184, *dimin. de* filh, *jeune fils.*

filho 1836, *même sens que le précédent*

filoilh 1065, filleul.

finar, *ind. imp.* finavatz 754, *feindre? prov. mod.* fegnar, *en ce sens.*

fiquet. *voy.* ficar.

fis 569, [or] *fin.*

fizaltatz 791, *féauté.*

fizar 827, fiza 47, *réfl.*, se *fier.*

flodres (*pour* foldres) 641, *foudre.*

fo, foc, *voy.* esser.

foldatz 1705, *folie.*

folia, de — parlatz 420, 429, 432, 632, *vous parlez follement;* fulia 308.

fon, fora, *voy.* esser.

fora 479, foras 480, 1016, forras 375, 969, 985, 1536, *dehors.*

fornimen 1109, *provisions.*

foro, *voy.* esser.

forras, *voy.* fora.

fors 609, *dehors;* los — 1917, *ceux du dehors;* fors de.... 646, *en dehors de, excepté.*

forsa, per — e per vigor 1174, *vigoureusement.*

forsas 197, 2028, *fortifications.*

fos. *voy.* esser.

frachura 100, *manque, disette,* anc. fr. souffraite.

franger 1317, *rompre, actif ou neutre.*

fuei, *voy.* esser.

fugir, *ind. prés. sing.* 2ᵉ *p.* fuges 1159; *prét. sing.* 1º *p.* fugi 1840; *subj. imp.* 1ᵉ *p.* fugis 2097, *fuir.*

fulia, *voy.* folia.

Gabar, gabas 1162, *railler,* anc. fr. gaber.

galiar 237, *tromper.*

gan 160, *gant, signe d'investiture.*

gandir 1592, 1596; *prét. sing. 3ᵉ pers.* gandi 1338; *neutre* 1592, 1596, *se détourner; actif* 1338, *garantir.*

garar 843, 941, 1282, 2000, *part.* garatz 1559; *regarder* 2000; *protéger* 843, 941, 1282, 1559.

gardar, *part.* gardatz 1237; *subj. pr. sing.* 3ᵉ *p.* gar 50, 1062, *garder.*

garizo 1160, gerizo 331, guerizo 1831, *protection, défense.*

garnimen, *sing.* 1856, garniman *(en rime)* 2134; *pl.* garnimens 1060, 1111, 1414, 1599, *armes défensives.*

garnir, garnisso, *réfl.* 1911, *se revêtir d'armes défensives.*

gaserdo 23, *guerdon, récompense.*

gauh 1785, gauc 1191, guah, 285, *joie.*

gautejar, *part. fém.* gautejada 666, *souffleter.*

gazardonar 1669, *récompenser.*

gensier 83, *orner, présenter sous un aspect favorable.*

gentiel, *pour* gentil, 357, *gentil. noble, comme l'it.* gentile.

gentil, *adv.* 1488, *gracieusement, élégamment.*

VOCABULAIRE 91

gerir 424, *protéger, défendre.*

gerizo, *voy.* garizo.

ges 90, 385, 386, 1175, 2174, jes 119, 243, 1920, *rien, particule servant à renforcer la négation.*

ginolhar 1684, *s'agenouiller.*

ginolhos, de - 384, *à genoux.*

gitar 1295, gitier 248 ; *prét. plur. 3ᵉ p.*, gitero 1315, *jeter ;* — los falcos 1295, *lancer les faucons.*

glan (*p.-ê.* l'aglan, *cf. Cornu,* Romania, VII, 106 ; *Vayssier,* Dict. du patois de l'Aveyron, *sous* oglan), 294, *gland.*

glot 235, 244, 485, *a. fr.* glout, gloutz, *terme injurieux.*

goifano, *voy.* gonfano.

gola 1251, 1969, *gorge.*

gonfaino 157, gomfano 1351, goifano 221, *gonfanon, bannière.*

grah (*pour* grat) 77, *gré.*

gran, *fém.* granda 1894, 2088, *grand.*

grazir 122, *remercier, savoir gré.*

grezes 695, *grec.*

gruas 1284, *grues.*

guah, *voy.* gauc.

guazanhar, guazanhat 454, *gagner.*

gueiamen 79, *gaiement.*

guerizo, *voy.* garizo.

guiza, a — 1153, *à la guise, à la manière.*

Hil (*pour* il) 1300, *ils.*

ho (*pour* o) 83, 120, *cela.*

honor 1182, *bénéfice ;* 2102, *désignation appliquée improprement aux terres de Charlemagne.*

hun 10, huna 1 (*pour* un, -a).

Icimen, *voy.* issamen.

ieis, *voy.* issir.

ins e (intus in) 966, 1794, *dans.*

intrar, *construit avec la prép.* a, 195, *entrer dans.*

irascer, *réfl., subj. pr. pl. 2ᵉ p.* irascatz 1258, 1786, *s'irriter.*

irla 715 1657, *île.*

isassamen (*on peut lire à la rigueur,* isalsamen, *ce qui vaudrait mieux*) 36, *élévation, promotion.*

issamen 175, 1126, issamens 1391, icimen 1849, *également.*

issir, *ind. pr. sing. 3ᵉ p.* ieis 367, 668, 969, 1016, 1247, *pl. 3ᵉ p.* isson 1291; *imp. pl. 1ᵉ p.* issiam 1705 ; *prét. sing.*

2ᵉ p. icis 1782, 3ᵉ p. ici 1542; *fut. sing.* 1ᵉ p. issiriey 960; *sortir.*

Jaus *pour* ja vos, 758.

jauzens, jauzenta 716, *joyeux.*

jazer, *prés.* jatz 1005, *gésir, être couché.*

jes, *voy.* ges.

joglar 4, 203, 520, 1931, joglier 78, 2170, glojar 1764, *jongleur.*

joi 656, joy 153, joia 103, 195, 276, *joie.*

joliamen 312, *gaiement.*

jonher, *fut. sing.* 1ᵉ p. jondrai 1741, *pl.* 2ᵉ p. jondret 1614, *s'aborder. se mesurer.*

jornieigas, *pron.* jornieias, *pour* jornadas, 2147, *journées.*

josta 117, *auprès.*

junbentut 5, *jeunesse.*

juster, *réfl.* 111, *se réunir.*

Lah 922, *lait.*

lai 213, lei 45, 90, 492, 494, la (*proclitique*) 609, lau 517, *là.*

lairo, a — 731, 1161, 1828, *en secret, anc. fr.* a larron.

lais 1180, 1942, *plur.* laisses 1208, laices 1473, *lai, sorte de poésie chantée, d'origine bretonne.*

lansar 1947, *lancer* [*un couteau, une arme de trait*], *employé sans régime, comme en fr.* tirer.

lat 417, *largeur.*

lata, 719, *latte.*

lau *voy.* lai.

laus, *pour* la vos, 409.

lausengador 485, *trompeur.*

lausengar 390 *note, tromper.*

lauzengier 61, *trompeur.*

lauzor 134, *approbation.*

lei, *voy.* lai.

levais, *pour* leva si, 116.

lhieurar, lieurier 2168, *part.* lhieurat 217, *livrer.*

liam 1969, *lien.*

liar 521, 849, 1076, 1301, [*cheval*] *de poil mêlé, voy.* Bœhmer, Roman. Studien, I, 265.

lie 380, liei 2137, *rég. indir. d'un verbe, lui.*

lieurier, *voy.* lhieurar.

linage 1708, *lignage, famille.*

listratz 1263, 1711, 1745, *bordé.*

lo *employé comme pronom,*

neutre sujet 1230, cela, rég. 122.

logadiers 566, *soudoyers.*

loilh 288, lolh 217, *pour* lo li.

longas, a — 799, *longuement.*

lonhar, *neutre; ind. prés. pl. 2ᵉ p.* lonhat 1182, *s'éloigner.*

lonjar, *réfl.*, lonja 1621, *s'éloigner, prendre de l'espace.*

lor 643, 2114, *eux.*

los, *pour* lo vos, 567.

lozen, *voy.* luzen.

lui 43, 222, 335, 649, lu 7, 500, *rég. d'une prép. ou d'un verbe,* lui.

lunh, lunha 1796, *aucun.*

luzen 1616, lozen 190, *luisant, en parlant de l'acier.*

Macada 668, *ce mot qui fausse le vers,* (*voy. la correction proposée en note*), *est le part. fém. de* macar (*Rayn.*, IV, 111) *meurtrir, cf. le dict. languedocien de l'abbé de Sauvages, sous* maca, *celui de l'abbé Vayssier sous* moqua.

magat, *voy.* amagar.

mai 442, 601, *plus, jamais plus. voy.* anc: mai... que 633, *plus que.*

mainada 519, *troupe propre à un seigneur. voy. le gloss.*

du poëme de la croisade albigeoise.

maiselar, den — 366, *dent molaire, comme en ital.* mascellare.

majores 1809, *dérivé de* major, *en vue de la rime.*

mal, *adv.* 266, *mal, désagréablement.*

mal, mala 330, 997, ta mala 991, *malheureusement, sous une mauvaise étoile.*

malauratz 1556, malayratz 990, *infortuné, malavisé.*

malevar, malevatz 1734, *cautionner, donner une caution pour qqun.*

malmenar, ma menada 939, *maltraiter.*

mandamen 196, 1106, mandaman 2148, *gouvernement, juridiction.*

mandar 212, mandier 2076, *pris substantivement, commandement, gouvernement.*

manejar 1594 *note, manier.*

manen 1119, manenh 44, *riche.*

mangiers 1573, *repas.*

maroniers 914, *marins, forme plutôt française que provençale.*

mas 123, 334, *puisque;* 1957, *excepté, sinon.*

meih (*pour* mens) de 1896, *sans.*

menar, menier 497; *part.* menada 939; — dol 497, *donner des signes de douleur, se désoler;* mal — 939, *maltraiter.*

menbratz 1771, *terme vague, comme l'anc. fr.* membrés, *qui signifie à peu près [homme] sage, prudent, qui sait ce qu'il doit faire.*

mentizo 13, *mensonge.*

mercatz 623, *marché.*

merce de..... 2100, *grâce à...*

mermar, *part.* mermatz 565, *diminuer.*

mesclar 1955, *prét. pl. 3ᵉ p.* mesclero 35; *mêler* 35; *réfl.* 333, 1955, *se quereller, se battre.*

mescrezen 198, 330, *mécréant, épithète injurieuse jointe à* felo *ou à* trachor; *cf.* renegatz.

mestiers, fa — 1575, *est besoin.*

meus, *pour* me vos, 89.

mezis *sing. suj.* 1885, meszisses 1482; *sing. rég.* mezis 1421, *même; de se* mezis 1421, *par soi-même, cf.* Alberic de Besançon, v.103, per se medips; *adv.* 1888.

miei, *pl. suj.* 1588, mes; *sing. réj.* (*pour* mieu) 1524, *mien.*

minja 1340, *mie, rien.*

mol, *voy.* molt.

molher 1229 (*la leçon n'est pas très sûre; il faut supposer le mot accentué sur la première syllabe*), mulher, 203, *épouse.*

molt 195, 207, mol 53, 121, 625, 1857, mon 12, 300, mot 320, motz 47, *moult, beaucoup.*

mon, *voy.* mol.

morir, murir 125, *ind. pr. sing. 3ᵉ p.* mori 19; *fut. sing. 3ᵉ p.* molra 138.

motz, *voy.* mol.

mudatz 1250, [*faucon*] *mué.*

muh[s], a—1128, *à muids, en quantité.*

mulher, *voy.* molher.

mulhier 1351, *mouiller.*

Nafrar, nafratz 394, *blesser.*

naveta 967, *barque.*

neh 1646, *même.*

neps 416, 1186, 1819, *neveu.*

neulas 1108, *sorte de gaufres, ordinairement accompagné de* pimen, *comme ici, cf.* Flamenca 942, *et Rayn.,* IV, 314.

nielatz 1716, 1757, *niellé, en parlant d'une lame d'acier.*

nien 1855, nian (en rime) 2138, *servant à compléter la négation, nullement.*

VOCABULAIRE 95

no, dir de — 1833, *refuser*.

noi, *pour* no se, 238.

noil, *pour* no li, 803.

noirigar 1075, norriger 96; *part.* noirigatz 766, 1025; *ind. prés. pl. 2ᵉ p.* noirigatz 786; *nourrir, allaiter.*

noirir 1584, *subj. prés. pl. 2ᵉ p.* nosricatz (*pour* noiriscatz) 414, *élever, instruire.*

noirisa 1075, *nourrice.*

norriger, *voy.* noirigar.

nosaltre 465, 1793, *nous; cf.* Leys d'amors, II, 214, « nos o nos autri, vos o vos autri », *et le gloss. du poëme de la croisade albigeoise, sous* autre.

noser 2138, *nuire.*

nosricatz, *voy.* noirir.

notar, 1942, *accompagner un chant avec un instrument.* Flamenca, *v.* 598 : L'us diz los motz e l'autrels nota.

nous, *pour* no vos, 385.

nueh 876, 965, 1112, *nuit.*

Oblidar, no s'es pas oblidatz 1696, 1756, *il ne s'est pas oublié, il n'a pas perdu la tête.*

obrir, *ind. prés. sing. 3ᵉ p.* uebre 1722, *pl. 3ᵉ p.* obron 1955, *ouvrir.*

obs 935, *besoin, nécessité.*

oissor 1175, 2095, *épouse.*

ond 1542, on 25, 931, *où.*

ondrat 211, orratz 413. *honoré, qui est dans une situation considérable.*

orphes 792, *orphelin.*

orratz, *voy.* onratz.

ostar, ostîer 502; *l'impér.* ostat, 828, *est une sorte d'exclamation qui signifie à peu près : ne parlez pas ainsi.*

Pagar, *part.* pagatz 631, pagat 217; *fut. pl. 1ᵉ p.* pagaram 775; *payer, contenter.*

pages 1808, *paysan.*

palais 32, 128, palaes 37, *palais.*

pali 112, 510, 1042, *sorte d'étoffe de soie.*

palm 467, *palme, largeur de la main.*

panar, *part.* panatz 714, 872; *prét.* paniei 1831, *voler.*

parayge 12, *parage.*

parer, *ind. pr. sing. 3ᵉ p.* par 1039, *sembler.*

passar 840 *part.* passat 461, *ind. pr. sing. 2ᵉ p.* pasat 848, *act., passer, faire passer.*

pauc 350, pau 880, *petit.*

peiro 1811, peyro 6, *banc de pierre.*

per. *suivi d'un inf. neutre*, per plazir 123, *à plaisir;* *suivi d'un inf. transitif, marquant l'occupation,* per los falcos gitar 1295, *en train de lancer les faucons.*

pergas 473, *perches;* perga 248, *perche ou bâton où se posait l'épervier.*

perpongas (*forme douteuse, voy. la note*), 1318, *pourpoints.*

pertusan, pertusat 445, *percer.*

pesar, *voy.* pessar.

pessas 515, *pièces,* pessa e pessa 768, 976, *morceau par morceau.*

pessar 235 ; *part. pr.* pesan 314, *penser.*

pessat 455, *plur.* pesatz 1546, *pensée.*

pessejar 1309, *part.* pessegatz 992, *mettre en pièces.*

petit 597, *peu;* petitz 1704, *peu nombreux.*

peuis, *voy.* pueis.

peureiras 1391, *pierrières, machines de siège.*

piatatz 790, 792, *pitié.*

pieh 988, *poitrine.*

pier (*pour* par) 507, *pair.*

pilar 1031, 1662, *pilier.*

pimen 1108, *boisson épicée.*

pla 609, 946, 1048, *terrain uni, esplanade.*

pla, *adj.,* de plana terra 1712, *de plain pied.*

plaga 466, *plaie.*

plagar, plagat 466, *faire une plaie, blesser.*

plah 38, 44, 625; *procès* 38, *arrangement qui termine un procès ou un débat* 625; *arrangement, convention, en général* 44.

plazer, *ind. pr. sing. 3ᵉ p.* platz 1, plas 2, plat 1614, plai 206; *fut. sing. 3ᵉ p.* plara 74; *plaire.*

plazir (en rime) 123, *inf. pris substantivement, plaisir.*

plevir, *part.* plevis 404, plevit 605, *s'engager envers quelqu'un, garantir.*

poder, *ind. pr. sing. 1ᵉ p.* puesc 90, puec 827, *2ᵉ p.* pots 98, *3ᵉ p.* pot 238, 368, *pl. 1ᵉ p.* podem 106, 371, *2ᵉ p.* podes 240 ; *prét. sing. 1ᵉ p.* pogui 1660, *2ᵉ p.* pogis 392-3, 525, *3ᵉ p.* pot 103, 273, poc 358, 1063, *pl. 2ᵉ p.* poguet 1668; *fut. sing. 3ᵉ p.* poyra 102, porra 377; *subj. pr. sing. 1ᵉ p.* pusca 92, *3ᵉ p.* puesca 244, *pl. 1ᵉ p.* puscam 100; *cond. pr. sing. 3ᵉ p.* poiria 271 ; *cond. imp. sing. 1ᵉ p.* pogra 386, *pouvoir; souvent joint à un inf. comme une sorte d'auxiliaire* 937; *pouvoir.*

ponh 11, 229, 638, *poing.*

ponh 622, 669, *point, moment.*

ponhador 2101, *combattant.*

ponher, *part. prés.* pongen 1956; *ind. pr. 3e p.* ponh 1333; *piquer [de l'éperon].*

por, getar — 344, *jeter loin de soi.* Voy. Diez, Wœrt. II c por.

porra, *voy.* poder.

port *pour* porc, 365, 401, *sanglier.*

pot, *voy.* poder.

pregar 940, preguier 163; *ind. pr. sing. 1e p.* pregui 634, *prier.*

preio 1346, *prison.*

prejurs (*pour* perjurs) 1398, *parjure.*

prendois 108, 1037, *pour* prendo si; *voy. le suivant.*

prendre, *ind. prés. sing. 1e p.* prengui 18, *pl. 3e p.* prendo 111; *prét. sing. 3e p.* pres 47, 55, 1353, *pl. 2e p.* prezes 387; *imp. pl.* prendes 434; *construit avec* a *et un inf. se prendre à [faire une chose].*

presen, a— 191, 199, *présentement, sous les yeux.*

pretral (*pour* peitral) 178, *pièce d'armure qui se plaçait sur le poitrail des chevaux;* voy. *ma traduction du poème de la Croisade albigeoise, p.* 212 note 5,
324 *note 3 et les add. et corr., p.* 526-7.

prezar 207, *part.* prezatz 1200, 1692, *priser, estimer.*

prezentiers 1574, *dispos attentif.*

prieissa 1369, *presse, foule.*

prim, primas 515, *délicat, tendre.*

pro 733, 805, pro asatz 1207, *en abondance.*

proar 1462, proatz 1748, *éprouver.*

proesas 1454, *prouesses.*

prometre, *subj. pr. pl. 2e p.* prometatz 962, *livrer.*

prop 210, *auprès.*

propriar, propchar, *part. passé* propriatz 1006, 1255, propchatz 1737, *approcher*

pros 184, 1800, 290, 693, *preux, vaillant.*

pueh 681, *puy, montagne.*

pueis 188, 635, 726, puis 685, peuis 47, puois 626, pueissas 40, pueisas 139, puessas 1576, pueissa 1880; *puis, ensuite.*

puesca, *voy.* poder

pujar 1307, *ind. pr. sing. 3e p.* pueja 877, *monter [à cheval].*

puois, *voy.* pueis.

pus 188, *puisque.*

Quar 1159, *pourquoi, interrog.*; 1161 *car.*

quier, *voy.* car.

quinh 999, *quel.*

quobro, *voy.* cobrar.

Ragar 922, *part. passé* ragatz, 989, *couler à flots.*

rajada, a — 668 *note, a flots.*

ram 2086, *rameaux.*

rando, de — 313, *en hâte; voy.* Diez, Wœrt. I, randa.

rapar, *part.* rapat 871, rapatz 1262, *enlever*, Rayn., V, 42, *n'a que des ex. du* XIVᵉ *siècle.*

rastanquier, *voy.* restancar.

raubador 1187, *voleurs.*

razonar, rayzonar 912, *part.* razonatz 1787, razonat 2034, rayzonat 855, *adresser la parole* 2034; *réfl., s'expliquer, se défendre,* 1787.

razos 343, razo 2, 11, *etc.*, raro 317, *discours, exposé,* mettre a — 317, metre en — 11, *interpeller, adresser la parole.*

re, *voy.* res.

recobrar, recobratz 442, 561, *recouvrer.*

redre 2190, *ind. pr. pl. 3ᵉ p.* redon 196, *rendre.*

refudar, *ind. pr. sing. 1ᵉ p.* refut 1855, *refuser.*

refugier (*pour* refusar) 149, *refuser.*

refut 1512, *refus.*

regarar, *réfl., impér.* regaratz 788, *se tourner vers, considérer. Manque à Raynouard.*

regio (*trois syll.*) 1159, 1840, *région.*

regnatz 1518, *royaumes.*

remaner, *ind. pr. pl. 3ᵉ p.* remano (*ms.* remado) 1292, *prét. sing. 3ᵉ p.* remas 985, *rester.*

remirar, *part.* remiratz 1247, *ind. prés.* rimiro 1777, *examiner, p.-ê. admirer.*

rendas 198, *rentes.*

renegatz 474, 591, 780, *anc. fr.* renoié, *épithète injurieuse jointe à* tracher; *cf.* mescrezen.

rennas 108, *rênes.*

reptar 524; *part.* reptatz 398, reptat 465; *accuser.*

res, re no i ac mas 1957, *il ne s'agit de rien sinon...*

restancar 839, 1938, rastanquier 1378, restancatz 585, *s'arrêter.*

revelar 1322, *se soulever, se révolter.*

ribairar 1281, ribarar 224 *chasser en rivière.*

ric 174, 275, 620, 622, riches 310, riche 3, 159, 689, 713, 2145, rica 1, richa 323, *considérable, remarquable.*

ricor 2105, *puissance.*

rien (*pour* rizen) 184, 1852, *riant.*

rimiro, *voy.* remirar.

rimor 479, *rumeur, bruit.*

rodat 2026; *épithète, ordinairement appliquée, soit à* pali *(comme ici), ou à qq. autre étoffe, soit à* escut *ou à* targa; *désigne ou la bordure circulaire d'une étoffe ou d'un bouclier, voir le gloss. de Flamenca au mot* rodatz, *ou, plus probablement un ornement consistant en roues ou cercles brodés dans l'étoffe ou appliqués sur l'écu; voy. Du Cange,* circumrotatus. *On possède encore de ces étoffes qualifiées de* circumrotatae; *voy. par ex. Revue des sociétés savantes,* 4ᵉ *série,* III, 177.

romper 1318, rompre 493; *ind. pr. sing. 3ᵉ p.* rom 325, 345, 1143, *rompre.*

rosegar 2001, rosegat 2062, « *trahere cum equis* », Donatz proensals, *éd. Stengel p. 33 b; voy. sous* rossegar *le glossaire de ma notice sur Guillaume de la Barre et celui du roman catalan des Sept Sages p. p. M. Mussafia. Sur ce genre de supplice, voy. Du Cange,* equitractio *et* trahere 6.

ruas 1995, *rues.*

Sabato 104, *soulier.*

saber 1841, *ind. prés. sing.* 1° *p.* sai 529, 2ᵉ *p.* saps 390, *3ᵉ p.* sap 334, sat 320, *plur.* 1ᵉ *p.* sabem 796, 2ᵉ *p.* sabes 119; *prét. sing.* 3ᵉ *p.* saup 264, 1826, 2003; *fut. sing.* 1ᵉ *p.* sabriei 1437, 3ᵉ *p.* sabra 1178, *plur.* 2ᵉ *p.* sabres 120; *subj. pr. pl.* 2ᵉ *p.* sapiatz 745; *condit. imp. plur. 3ᵉ p.* saubro 519, *savoir;* — bo 321, 334, 1751, 1826, *sembler bon.*

sabor 1179, *saveur, bon goût* (*au fig.*).

sabra, sabres, *voy.* saber.

saïns 993, *ici dedans.*

salhidor 477, [*dextrier*] *qui saute.*

salhir 1591, *sauter.*

sancnar, *ind. pr. sing. 3ᵉ p.* sancno 878, *saigner.*

sanglantier 496, *ensanglanter.*

sanglar, *voy.* senglar.

sapte 109, *samedi.*

sarcar, *voy.* sercar.

sarrar, *impér.* sarratz 960, *fermer.*

sat, saubro, *voy.* saber.

saumiers 2166, saumies 568, somies 539, *sommiers, bêtes de somme.*

saup, *voy.* saber.

saunenta 450, *sanglante.*

sazia, secia, *voy.* sezer.

segner, *voy.* senher.

seguel 1107, *seigle.*

seguir, *part. prés.* seguens 1401; *prét. sing. 3º p.* seguet 1832; per seguens 1401, *consécutifs.*

selada, a — 676, *en cachette.*

semblan, bel — 2126, *bonne mine.*

sen 1908, *avis, jugement.*

senes 421, ses 13, *sans; ordinairement suivi de* tot, tota, *qui ne sert qu'à renforcer l'idée.*

senglar 391, sanglar 484, singlar 293, 318, 361, 502, *sanglier.*

senha 160, 1320, *enseigne, lance pourvue d'un penon.*

senhal 470, *signe, marque.*

senher 86, segner 16, senhe 351, 371, 434, 435, *sire.*

senhs 1990, *cloches.*

sercar, sarcar 1294, *ind. pr. pl. 2º p.* sercas 237, *chercher.*

serem, *voy.* esser.

sermonar, *ind. pr.* sermonatz 1525, *sermonner.*

seror, *voy.* sor.

ses 687, *soir.*

ses, *voy.* senes.

set 559 seta 89, *(pour cest-a), ce, cette.*

sezir 117, ceze 1640; *ind. imparf.* sezia 289, secia 1939, sazia 6; *réfl.* 6; *s'asseoir, être assis.*

siam, *voy.* esser.

sieutatz *(pour* cieutatz) 424, *cité.*

silh *(pour* cilh) 212, *ceux.*

silhs *(pour* cilhs) 1233, *cils.*

singlar, *voy.* senglar.

sire 262, 302, sira 12, 140, 336, 349, cira 292, *sire.*

sist *(pour* cist) 207, *ceux-ci.*

sivada, *voy.* civada.

so 1154, *son;* 728, *chanson.*

so 26, 45, 88, *cela.*

so, son, *voy.* esser.

sobre 1691, *[marcher] sur, contre* [qqun].

sobriers, a — 1570, *excessivement, démesurément.*

sodadas 2174, *anc. fr.* soudées, *prestation en argent.*

sojornar, *part. passé* sojornatz 946, 2025, *ind. pr.* sogorna 161; *séjourner; faire reposer* [un cheval].

VOCABULAIRE 101

solier 135, *proprement étage d'une maison* : Aiol, 7069, Hunbaus avoit maison molt boine a .iij. soliers; *cf. le gloss. de la chanson de la Croisade albigeoise. Ici ce mot est employé sans précision.*

somier, *voy.* saumier.

sonier 103, *prononcer, faire entendre.*

sor, *employé comme rég.* 623, 1821, 2165; seror 133, 141, 148, 662, 1188 (*aux vers* 133 *et* 141, *on pourrait corriger* sor), *sœur.*

speia, *voy.* espeia.

suau 137, *doucement.*

suavet 661, *doucement.*

Ta, *suivi d'un adj.* 939, 991, *tellement.*

talen, *désir,* aver — 1122, venir a — 1188.

tans, mil — 1563, *mille fois autant.*

tardar 234, tarzar 902, tardier 246, tradier 106, tarzier 57, *ind. prés. pl.* 2e *p.* tarzas 430, *retarder, différer.*

tarzamen 1875, 1888, *retard.*

tarzar, tarzier, *voy.* tardar.

taulas 62, 1137, 1277, 1566, *jeu de tables, sorte de trictrac.*

taulier 1427, *tablier de jeu.*

tempestamen 1896, *tempête.*

tetinas 920, *seins.*

tocar vihola 85, *jouer de la vielle.*

tolre, *part. passé fém.* tolta 488; *subj. prés. sing.* 3e p. tuelha 659; *cond. prés. sing.* 3e p. tolria 507; *enlever.*

tombar 204, tumbier 1358, *part.* tumbatz 1764; *ind. prés.* tomba 1210; *tomber, faire des cabrioles; act.* 1764, *faire tomber, abattre.*

torn, faire son — 1627, *faire demi tour.*

tornar, esser tornatz 403, *est une expression elliptique qui signifie probablement perdre sa cause; cf. Gir. de Rouss. éd. Hofmann, v.* 4291 : Ni anc de jutgamen no fo tornatz.

tozets 1443, *enfants.*

trabucar 371, trabuquier 1375; *ind. pr. sing.* 3e *p.* trabuca 1762, trebuca 1325; *abattre, renverser.*

trabuquetz 1391, *trébuchets, machines de jet.*

tracher, *cas suj.* 154, 172, 180, 313, 474, tracer 614, trager 61, 189, 476, traje 2038; *cas rég.* trachor 328, 452, tracher 1118, 1155, traire 2095. *Cf.* trahidor.

tracio 314, *trahison.*

tradier, *voy*. tardar.

trager, *voy*. tracher.

traïdor, *cas suj.* 137, *cas rég.* 1171, 2092, *traître.*

traïmen 185, *trahison.*

traire, 2064, *prét. sing. 3° p.* tray 5, trais 41, 441, 1325, *impér. pl.* trazes 562; *subj. pl. 2ᵉ p.* tragas 396; *tirer* 396, 441, 1325; *tirer à part* 41; *supporter* 5; *réfl.* 562.

traire, traje, *voy*. tracher.

tras 1989, *derrière.*

trasio 1167, 1825, trasiho 30, 1832, *trahison,* voy. tracio.

traspasar, *part.* traspasatz 441, *ind. pr.* traspasatz 751; *mourir* 441, *transgresser, mal agir* 751.

trastumbier 1357, *tomber.*

traucar, trauca 1749, *trouer.*

trazes, *voy*. traire.

trebuca, *voy*. trabucar.

tremolar 1443, *trembler [de froid].*

trempar *(pour* temprar), *accorder [un instrument].*

triar, *part. passé* triatz 1133, 1387, 1735, 1769; *réfl., se séparer, partir de* 1735, 1769; *part. passé pris adjectivement* 1133, 1387, *choisis, d'élite.*

trigar, *part. passé* trigatz 1274; *subj. pl. 2° p.* triges 697, *réfl.* 1264, *se retarder; 697, différer.*

tro 202, *jusqu'à;* 191, 663, 964, *jusqu'à tant que.*

trobier 85, *trouver, composer des poésies.*

trol 964, *pour* tro lo.

trossar, *impér.* trossatz 540, *trousser, charger.*

trotier 561, *anc. fr.* trotier, *coureur, homme de basse condition, qui faisait l'office de garçon d'écurie; voy.* Crois. albig. 5956, *Guerre de Navarre* 4720, 4843, *Du Cange,* trotarius.

tumbatz, *voy*. tombar.

tuelha, *voy*. tolre.

Uebre, *voy*. obrir.

uei 815, *aujourd'hui.*

uelh. *pl. cas rég.* uelhs 345, uclh 787, 1407, ueilh 1032, 1250, vuelh 987, 1266, *yeux.*

ulhas, *voy*. voler.

V, *pour* vos, 190.

va, vai, *voy*. anar.

valatz, *sing. rég.* 2063, *pl. rég.* valatz 1736, 1738, *fossé.*

van, *voy*. anar.

VOCABULAIRE 103

var 1815, *vair.*

vas 798, *vers.*

vasal 1748, *guerrier, sens de l'anc. fr.* vassal.

vayley 93, *valet.*

ve, *voy.* venir *et* vezer.

vec 470, vec vos 203, 348, 1005, 1907, veuc vos 1348, *voici.*

veiras, veja, *voy.* vezer.

vejaire, m'es — 1546, 1905, *il me semble.*

veltres 337, *lévrier, anc. fr.* veautre.

venador, *pl. suj.* 472, *rég.* venadors 339, 364, *veneurs, gens de service employés à la chasse.*

venaro, *pour* venazo, 315, *chasse.*

venges 2100, vengues 2173, *adj. formé sur* vengar. *vengé. voy. sur ce genre de formation* Romania, VIII, 448.

venir 113, *part.* vengut 313; *ind. pr. sing. 3ᵉ p.* ve 123, 188; *prét. sing. 1ᵉ p.* vengui 457. *3ᵉ p.* vinc 60, venc 40, 264, *pl. 3ᵉ p.* vengro 69, vero 1088; *fut. sing. 1ᵉ p.* verray 51; *impér. pl.* venes 376; *imp. pl. 2ᵉ p.* vinet 847; *subj. pr. sing. 3ᵉ p.* venh 18, venga 58 benga 1093, *venir.*

verden 1608, *verdoyant.*

vero, verray, *voy.* venir.

verses, *plur.*, 1464, 1498, *vers, pièces de vers.*

vertudozamen 1625, 1858, *puissamment, énergiquement.*

veuc, *voy.* vec.

veus, *pour* ve vos, 38, 217, *voici.*

vezer, *part. pr.* vezen 643; *ind. pr. sing. 1ᵉ p.* vei 254, *3ᵉ p.* ve 206, *pl. 1ᵉ p.* vezem 467; *prét. sing. 1ᵉ p.* vi 295, *3ᵉ p.* vi 62, 115, *pl. 3ᵉ p.* viro 32; *futur pl. 2ᵉ p.* veires 1322, veuret 1331; *subj. prés. sing. 3ᵉ p.* veja 610; *cond. pl. 2ᵉ p.* veiras 153, viras 494, 1914, *voir.*

viala 196, *ville.*

viassamen 187, 1602, *en hâte.*

viatz 782, 982, 1022, vias 1071, *en hâte.*

vieula, vieulas, vihola, *voy.* viola, violar.

vieus 1160, *vivant.*

vinc, *voy.* venir.

viras, *voy.* vezer.

viola 1180, 1209, 1415, vihola 85, vieula 1476, 1948, vieulas 1931, *vielle.*

violar 114, 1419, 1682, viholar 1473, *ind. pr. sing. 3ᵉ p.* viola 1576, vihola 1505, vieula 169, 204, *prét. sing. 3ᵉ p.* viueulet 79, *jouer de la vielle.*

voler, *ind. pr. sing. 1ᵉ p.* vulh 136, 214, vuelh 148, *2ᵉ p.* vols 215, *3ᵉ p.* vol 356, *pl.* volo 504; *imp. sing. 3ᵉ p.* volia 819; *prét. sing. 3ᵉ p.* volc 353, vols 818; *fut. sing. 1ᵉ p.* volray 89, 208, voldray 166, *2ᵉ p.* volras 822, *plur. 1ᵉ p.* volrem 1671, *2ᵉ p.* volres 25; *impér. et subj. sing. 2ᵉ p.* vuelhas 1313, uelhas 57, ulhas 82, *pl. 2ᵉ p.* volhatz 411, volhas 233, 234, 239; *cond. pr. sing. 1ᵉ p.* volria 321, *pl. 2ᵉ p.* vorriatz 755; *vouloir: se joint à des inf. comme une sorte d'auxiliaire, pour signifier le futur* 89, 121, 166, 208; no volhas, *suivi d'un inf. comme en latin* nolite, 234, 269;

voler be 1515, *vouloir du bien à qqun, l'aimer.*

volier (*dans le corps du vers*) 1762, *voler.*

volray, volria, vols, *voy.* voler.

voltor 2065, *vautours.*

vonh, *pour* vos ne 50, 568.

vorriatz, *voy.* voler.

vos, ab — 1766, *anc. fr.* a vois, *à haute voix.*

vosaltres 1927, *vous; cf.* nosaltre.

vuelh, vulh, *voy.* voler.

TABLE DES NOMS PROPRES

ABRAM, voy. EBRATZ.

Agen 201.

AICELINA 855, 934, 2033, 2034, AISSILINA 783, AYSELINA (ms. AYSELINETA) 807, AISILINETA 716, 724, nourrice de Béton.

AMENJART, voy. ESMENJARTZ.

Antona 32, 69, 1674, fief héréditaire de Beuve (BOVES); cri, 1322, 1952.

Ardena 293, 368, *forêt*.

AREMYER, voy. AZEMAR.

Aspremont 10, 535, *Aspremon* 60, 311, 933, 2074, *Aspramon* 1330, château appartenant au comte Gui, donné finalement à Azemar.

AUGIER 146, Ogier le Danois, père du duc Beuve.

AZEMARS 99, 1157, 1293, 2141, AZEMAR 1091, 1093-4, 1126, 1289, 1319, 1348, 1352, AZEMART 2124, AREMYER 93, sénéchal de Beuve.

Babilonia 1195, 1694, Babylone d'Egypte, le Vieux-Caire.

BERTRAN 65, écuyer de Gui.

BERTRANS 1165, 1332, 1343, BERTRAN 1290, 1301, 1310, 2075, 2121, BERTRANDET 1360, fils de Daurel.

BETOS 509, 772, etc., BETO 298, 316, 322, etc., BETONETZ 1011, 1480, BETONET 414, 1090, 1453, 1586, 1942, 1979, 2050, 2168.

BIATRIS 1000, femme de Daurel.

Bordels 136, 200, 1674, Bordeaux.

BOVES 26, 31, 36 (rég.), 45, 56, 75, 93, 111, 127 (rég.), 136 (rég.), 174, etc., BOBES 70, 113, 145 (rég.), 171, BOBIS 6, BUVO (en rime) 1817, duc d'ANTONA, tué en trahison par Gui.

Brunas vals 361, 1294, lieu, dans l'Ardenne.

Buvo, voy. Boves.

Carles, voy. K.

Daurel 4, 83, 90, 103, 169, 348, 353, etc., Dauriel 101, 113, jongleur protégé par Beuve, et grâce au dévouement de qui Beton rentre en possession de l'héritage paternel.

Daurelet 355, fils de Daurel.

Ebrartz 821, Ebratz 780, Ebrart 820, 834, 919, Ebrar 861 (la rime demande Ebrat) Ebram 811, Abram 2020, 2042, pêcheur qui dénonce à Gui la retraite de Beton.

Eimenjartz, voy. Esmenjartz.

Erimena 1411, 1867, 1869, 2083, fille de l'émir de Babylone.

Esmenjartz 173, 176, 290, 385, Esmenjart 593, Esmengars 227, Esmengart 1092, Eimenjartz 498, Amenjart 1827, épouse de Beuve.

Fransa 3, 42, 115, 126, 257, 766, etc., France.

Frances 7, français.

Gauserans 2156, Gauseran 2124, l'un des chevaliers de Beton.

Gormons 1694, Gormon 1688, 1763, roi sarrazin.

Guis, suj. 124, 429, 440, rég. 370, 533, Gui 8, 22, 313; Guio 3, 8, 14, etc.; Guiho 46, 106, 388; ordinairement en abrégé, G. 14, 58, 61, 65, etc., le meurtrier de Beuve.

Jaufre 1366, l'un des chevaliers de Gui.

K. 39, 42, etc., Carles (rég.) 416, K. magnes 132, 139, K. mannes 72, qualifié de « lo bavier » 139, l'empereur Charlemagne.

Monclar 209, 355, 527, 882, 930, 949, etc., *Monclier* 86, château situé sur la mer et donné à Daurel par Beuve

Olivier 140, 2160, le compagnon de Rolant.

Paris 73, 109, 2148, Paris, résidence de Charlemagne.

Peitieus 1673, 1862, 1875, 1986, 1989, 2021, 2062, 2151, *Peutieus* 135, 585, 1044, *Peytiey* 175, Poitiers.

Requier 1366, l'un des hommes de Daurel.

Rolan 558, Roulan 130, 277, 2136, 2160, qualifié de duc ou de palatin (*palazi*).

VOCABULAIRE

Sant Alari 531, 2084. *Sen Alari* 749, Saint-Hilaire de Poitiers.

Tir 112, Tyr.

TABLE DES RIMES

Rimes masculines :

an, en, 9, 51.

ar, 8, 12, 16, 23, 25, 27, 33, 37, 42, 47, 53 [1].

at, 14, 24, 48.

atz, 13, 17, 22, 26, 32 [2], 38, 43.

en, 2, 7, 28, 41, 46.

ens, 36.

es (*fermé*), 20, 44.

ier, 3, 6, 35, 49, 52 [3].

iers, 29, 39 [4].

ir, 4, 40.

o, 1 [5], 10, 21, 30, 45.

or (*fermé*), 5, 15, 18, 31, 50.

os, 11.

utz, 34.

Rime féminine :

ada, 19.

1. Les laisses 8 et 16 contiennent un assez grand nombre de finales en *ier* ; la laisse 23 en contient une (v. 817). En pur provençal, toutes ces finales seraient en *ar*.
2. Quelques rimes en *at*.
3. Ces laisses contiennent beaucoup de finales qui, en provençal, sont en *ar*. La laisse 3 était originairement en *ar* depuis le v. 78.
4. La laisse 39 contient deux mots (*chiers*, v. 1571, et peut-être *mangiers* 1573), qui, en prov., seraient en *ars*.
5. Quelques finales en *om, on*.

ERRATA

V. 1, platz, *lis.* plat. — 2, *suppr. la virgule finale.* — 8, done Dieu, *lis.* Donedieu. — 18, venh, *lis.* venh'. — *Les vers 18 et 19 seraient mieux à leur place après le v. 21.* — 40, saludet, *lis.* saludec. — 51, *mettre un point et virgule à la fin du vers.* — 58, c'a, *lis.* c'am. — 187, et, *lis.* e. — 214, vieurat, *sic, corr.* vieuras; *il faut la 2ᵉ pers. du sing.* — 299, Yeu arai, *lis.* Menarai. — 322, e Beto, *lis.* a Beto. — 505, Senhor s, *lis.* Senhors. — 613, verdat, *lis.* verdat[z]. — 731, Et, *lis.* E. — 761, Or, *lis.* aur. — 853, ven s', *ms.* vens, *qu'il faut probablement corriger* venc. — 867, *mettre une virgule après* mi. — 919, *suppr. la virgule après* Ebrart. — 1126, leugier(s), *lis.* leugier[s]. — 1497, pagat, *lis.* pagat[z]. — 1606, comandamen, *lis.* comandamen(s). — 1715, *voy. p. xlviij, note 1.* — 1729, cambiat, *lis.* cambiat[z]. — 1753, *mettre le guillemet final après* home.

VOCABULAIRE. — auzir, *suppr.* auh, *marqué à tort comme 3ᵉ pers.* — bliautz... 1246, *lis.* 1426. — esser, *le dernier chiffre de l'article doit être corrigé* 6153-4. — molher, *encore au v. 1974 ce mot est paroxyton.* — Ostar, *ajoutez* cf. Breviari d'amor v. 23492. — Pertusan, *lis.* pertusar.

www.ingramcontent.com/pod-product-compliance
Lightning Source LLC
Chambersburg PA
CBHW071944160426
43198CB00011B/1540